中公新書 2775

大名 力著

英語の発音と綴り

なぜ walk がウォークで、work がワークなのか

中央公論新社刊

はじめに

　英語の発音と文字・綴りは不思議に満ち溢れている。英語を書き記す文字はなぜ「アルファベット」と呼ばれるのか。大文字と小文字があるのはなぜか。文の最初はなぜ大文字にするのか。Ｗ は Ｖ が２つくっ付いた形をしているのに、"double V" ではなく "double U"（２つの Ｕ）と呼ぶのはなぜか。

　アルファベットが表音文字であるなら、なぜ name はそのまま「ナメ，ナーメ」と読まず「ネイム」と読むのか。warm が「ウォーム」で worm が「ワーム」なのはなぜか。please の語末に読まない e を付けるのはなぜか。apple には読まない p と e が余分に付いているように見えるが、これはなぜか。

　cap /kæp/ は「キャップ」。綴りを見ても、発音表記を見ても「ッ」はない。captain /kǽptən/ は「キャプテン」で「ッ」はない。happy が「ハッピー」で happiness が「ハピネス」。「ッ」と「ー」はどこに消えたのか。

cap	/kæp/	キャ<u>ッ</u>プ
captain	/kǽptən/	キャプテン
happy	/hǽpi/	ハ<u>ッ</u>ピ<u>ー</u>
happiness	/hǽpinɪs/	ハピネス

　不定冠詞は母音で始まる語の前では an で、子音の前では a と教わるが、そもそも母音と子音は何が違うのか。定

冠詞 the は母音の前では「ジ」，子音の前は「ザ」と言われるが，ネイティブスピーカーはみんなそう発音し分けているのか。Tigers は「タイガーズ」か「タイガース」か，などなど。

　本書では，英語を学び始めたときには疑問に思っても，そういうものだからと，あまり説明されることのない英語の発音，文字・綴りの疑問について，歴史的な事情も含めて，基本から解説します。疑問が生じる原因の1つが日本語の発音・ローマ字表記との違いにあり，また，実際に自分が習得している日本語の発音の仕組みを理解しそれと比較することで英語の発音の仕組みも理解しやすくなるので，まずは日本語の発音・ローマ字表記について確認し，そのあと，日本語と対比しながら英語の発音・表記について説明することにします。

■ 略号・記号の説明

説明では以下の略を用います。

e.g. ラテン語 exempli gratia の略で，例を示すときに
用います。

cf. ラテン語 confer の略で，「参照せよ，比較せよ」
などを意味します。

音声表記には [ ]，音素表記には / / を用います。

音素表記 /p/　音声表記 [p, pʰ, p̚]

音素については本文で説明しているので，現時点では音声
と音素の違いがわからなくても問題ありません。音声レベ
ルのことを問題にすることが多い第一部では [ ] で括って
示すのを基本とし，音素レベルのものが多い第二部では主
に / / を用います。

文字そのものや，字形・字体を問題にする場合，地の文
の句読点と紛らわしい場合などでは <.> のように < >
で括って示します。

「A<B」の < は語構成や語源など派生関係を表します。

pleas<plea + -s	pleas は plea に接辞 s が付いたもの
o'clock<of the clock	o'clock は of the clock の略
woman<wife + man	woman の語源は wife + man

■発音記号

英語の発音の表記には研究社『コンパスローズ英和辞典』に準じた次の記号を用います。縦線＜｜＞で区切って2つ並べられているものは，左がアメリカ英語の発音（米音）で右がイギリス英語の発音（英音）ですが，違いがある場合には米音を示すのを基本とします。

発音記号	例
iː	*ea*st
i	happ*y*, rad*io*
ɪ	*i*nk, coll*e*ge
e	*e*nd
æ	h*a*nd
ɑ	f*a*ther
ɑ｜ɔ	t*o*p
ɔː	*a*ll
ɔː｜ɔ	cl*o*th
uː	f*oo*d
ʊ	b*oo*k
ʌ	r*u*n
ə	*a*bout, lem*o*n
ɚː｜əː	b*ir*d
ɚ｜ə	teach*er*
eɪ	d*a*te
aɪ	*i*ce
ɔɪ	t*oy*
aʊ	*ou*t
oʊ	g*o*
juː	c*u*te
ju	man*u*al
jʊ	pop*u*lar
ɪə｜ɪə	*ear*
eə｜eə	h*air*
ɑə｜ɑː	*ar*m
ɔə｜ɔː	st*ore*
ʊə｜ʊə	t*our*
aɪə｜aɪə	f*ire*
aʊɚ｜aʊə	h*our*

発音記号	例
p	*p*en
b	*b*ig
t	*t*ea
d	*d*ay
k	*k*ick
g	*g*et
f	*f*ace
v	*v*ery
θ	*th*ree
ð	*th*is
s	*s*un
z	*z*oo
ʃ	*sh*ip
ʒ	vi*s*ion
h	*h*at
ts	ca*ts*
dz	rea*ds*
tr	*tr*ee
dr	*dr*y
tʃ	*ch*eap
dʒ	*j*oy
m	*m*an
n	*n*ight
ŋ	si*ng*
l	*l*eaf
r	*r*ed
j	*y*es
w	*w*eek

CONTENTS

第6章　弱音節の母音字の発音，黙字の e，重子音字の働き 149

第7章　複数の読み方を持つ文字, 黙字とその歴史的由来　183

イラスト・新實葉子
DTP・市川真樹子

第一部　発音編

第1章 音を作る仕組み

　多くの言語は音を使って表現します。まずはこの音（言語音）を作る仕組みについて確認しましょう。

1.1 言葉は記号の体系

　英語は言語の一種で，英語を書き表すのに用いられるアルファベットは文字の一種ですが，言語も文字も記号の体系です。さて，この記号とは何でしょうか。「記号」という言葉はいろいろな意味で使われるので，まずは記号論，言語学でいう「記号（sign）」の概念を確認しましょう。

　赤青黄色の交通信号も記号の一種です。信号の赤が「止まれ」を表すように，ある〈取り決め〉に基づいて，ある〈形式〉がそれとは別のある〈意味〉を表すとき，

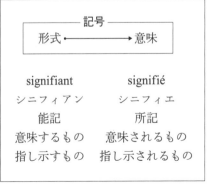

```
┌──────── 記号 ────────┐
│  形式 ◀──────▶ 意味  │
└─────────────────────┘

signifiant          signifié
シニフィアン         シニフィエ
能記                所記
意味するもの         意味されるもの
指し示すもの         指し示されるもの
```

その〈形式〉と〈意味〉の組み合わせを「記号」と呼びます。形式にあたるものをフランス語では「意味する，指し示す」を表す動詞 signifier の現在分詞に由来する名詞 signifiant〔シニフィアン〕で表し，意味にあたるものを過去分詞に由来する名詞 signifié〔シニフィエ〕で表します。日本語では「能記，所記」と訳されることもありますが，そのまま発音を片仮名で表し「シニフィアン，シニフィエ」とも呼ばれます。

　五感の味覚，嗅覚，触覚，視覚，聴覚の刺激のうちどれであっても，区別が付けられその区別が他の人と共有できるものであれば記号の形式として用いることができます。

　煙が上がっていれば火事が起きているのかと思うかもしれませんが，煙は火事を示すために意図して発せられたものではなく，実際には火事ではないかもしれません。また，意図的に煙を上げてもそれを見た人との間に煙で火事を表すという取り決めがなければ意味は伝わりません。それに対し同じ煙でも狼煙〔のろし〕の場合，狼煙を上げる者とそれでメッセージを受け取る者との間で解釈についての約束があり，形と意味との間に一定の結び付きがあるので，こちらは明確に記号として使われていることになります。約束を知ら

ない人には煙が何を意味しているのかはわかりません。

嗅覚的な刺激を形式として用いることもできます。家庭で使うガスには匂いが付けられています。ガス自体は無色無臭で漏れても気付かないため，意図的に匂いが付けられています。取り決めがなくても異常に気付くよう，わざと臭い匂いが付けられ，それで異常を伝える仕組みになっています。

味を形式として用いることも可能です。小さな子供が遊ぶ人形の靴には，子供が間違って口に入れてしまったときに吐き出すように，苦い味が付けられていることがあります。こちらも発信者と受信者との間であらかじめ形式と意味の関係を約束事として定め伝えておくことができないため，苦味を利用して間接的にメッセージを伝えています。

このように，嗅覚的，味覚的な刺激も形式として用いようと思えば用いることはできますが，さまざまな意味1つ1つに対応する特定の匂いや味を作るのは大変です。使いやすいのは視覚，聴覚，触覚ですが，このうち離れていても伝達・知覚しやすいのは視覚と聴覚です。音は手を叩くなどの方法でも作れますが，人間の口，鼻などの器官はう

まく複数の種類の音を作れるように発達したため，音声を使ってやり取りするのは容易でかつ便利です。音声が使えない場合，視覚を利用することになりますが，手話では手の動作などの視覚的手段を用いて形式が表されます。以下では日本語，英語などの言語で形式として用いられる音声に焦点を当てて見ていきます。

1.2 音声器官の構造

「音声器官」というと，いかにも言語のための器官という感じがしますが，口は食べるための，鼻は呼吸のための器官です。長い時間息をしなかったり物を食べなかったりすれば死んでしまいますが，言葉を発しなくても死んだりはしません。言葉を話さない動物にも鼻や口があります。

人間の場合，元々摂食，呼吸のために必要な器官がうまく音を発することができるように発達したため，音声を記号の形式として用いたコミュニケーションができます。

ちなみに，チンパンジーなどに人間の話し言葉を教えようとした時期がありましたが，人間以外の類人猿は人間のように言語音がうまく発せられるように声道が発達しなかったため，いくら言葉を教えても人間のようには言葉を発することができません。それがわかってからは，手話を用いたりボタンの操作を教えたりするなど表現方法を変え言葉を教える試みが行われましたが，それでも人のように（それが幼児のレベルであっても）言葉が使えるようにさせることには成功していません。

言語音を作り出す音声器官は次ページの図のようになっています。

6

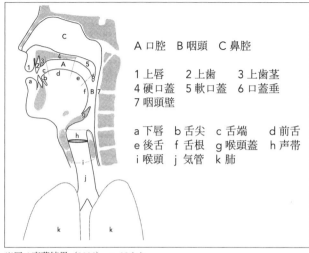

A 口腔　B 咽頭　C 鼻腔

1 上唇　　2 上歯　　3 上歯茎
4 硬口蓋　5 軟口蓋　6 口蓋垂
7 咽頭壁

a 下唇　b 舌尖　c 舌端　　d 前舌
e 後舌　f 舌根　g 喉頭蓋　h 声帯
i 喉頭　j 気管　k 肺

※図は斎藤純男（2006），p. 12より

　口の一番外側に両唇（1. 上唇，a. 下唇）があり，その奥に歯があります。調音するときに使うのは上の 2. 上歯です。舌の先（b. 舌尖）で上の歯に触れ，後ろにずらしていくと最初に触れるところが 3. 上歯茎です。その奥の硬いところが 4. 硬口蓋，さらに後ろの柔らかい部分が 5. 軟口蓋になります。その先が 6. 口蓋垂で，うがいをするときに震わせるところ（俗にいう「喉彦，のどちんこ」）です。A. 口腔（こうくう）の下の部分は舌で，舌尖の少し後ろが c. 舌端，その奥の硬口蓋と向き合う部分が d. 前舌（まえじた），さらに奥の部分で軟口蓋の下が e. 後舌（あとじた，うしろじた），そのずっと奥が f. 舌根となります。

　図の A の空間が口腔，C が鼻腔（びくう）で，両方が B の咽頭で繋がり，h. 声帯，j. 気管を通って k. 肺に至りま

す。声帯を中心とした空間が i. 喉頭です。軟口蓋の先端には口蓋垂がありますが，軟口蓋の後半部はかなり大きく上下に動かすことができ，この部分は「口蓋帆」と呼ばれます。この口蓋帆が後ろの 7. 咽頭壁に付くと鼻腔への息の流れ（気流）が塞がれて息は口腔から外へ出ますが，付かないと鼻腔から鼻に抜けます。

口の奥にある声門（左右の声帯とその間隙）と口蓋帆の位置は感じにくいかもしれません。咳をするときには喉のところで破裂が起きますが，その破裂が起きるところが声門です。咳をするときは声帯を閉じ肺からの空気を止め一気に解放しています。咳き込んだときに口を閉じても咳が続くのは，破裂が口腔ではなくその奥で作られ息が鼻に抜けるからです。ため息を出すときの息を溜めた感じも声門で作られています。口を大きく開いたまま「あっ」と言ったときの「っ」で止めている感じは，肺からの空気を声門で止めることによるものです。

水に潜るときには息を止めますが，口蓋帆や声門で閉鎖を作れば空気は鼻腔にとどまるので，鼻の穴を塞がなくても水は入って来ません。水に潜るときのように息を止め，その状態で肺からの空気を一気に外に出すようにすると，口蓋帆や声門の位置が感じやすいかもしれません。

口蓋帆が咽頭壁に付かないと気流は鼻に（も）流れ，付くと鼻腔には流れずに口腔のみを通って唇のところから外へ流れていくという違いが生じるので，口蓋帆が発音に大きく関わることはわかりやすいですが，声門のほうは，声帯が関わること以外に発音に関係してくることはピンと来ないかもしれません。しかし，「声門閉鎖音」は（方言，個人，発話速度によって違いはありますが）football の t, sudden の d のところで使われたりして英語の発音にも深く関わってきます。<ʔ> という声門閉鎖音を表すクエスチョンマーク <?> に似た発音記号もあります。（記号や字形などを問題にするときは < > で括って示します。）

　最近では，発声時の声帯や食べ物を咀嚼し飲み込み食道に送り込むときの口の中の動きなどを，直接あるいは MRI（Magnetic Resonance Imaging, 磁気共鳴画像法）といわれる技術で示した動画が公開されています。サーチエンジンで「声帯」と指定して検索すれば該当する動画が見つけられるので，関心のある人は見てみるといいでしょう。

1.3 母音と子音の違い

　英語を学び始めると，不定冠詞は母音の前では an，子音の前では a になり，定冠詞 the は母音の前では /ði/（ジ），子音の前では /ðə/（ザ）と発音すると習ったりするので，馴染みがあって何となくわかっているような気になっている母音と子音ですが，さて，母音，子音とは一体何でしょうか。

　喉が腫れて医者に診てもらうときに口を「あー」してと言われたり，子供の口にスプーンで食べ物を持っていき食べさせるときに「あーん」と言ったりするのは，「あ」（[a]）を言うときが一番口が大きく開いているからです。（[ ] は発音記号で音声を示すときに付ける記号です。）

　両唇を閉じて呼気を鼻に抜いて発音すれば [m] の音になり，口は完全に閉じた状態になります。「アー」と「ムー」（ハミングのときの唇を閉じた「ンー」）を交互に繰り返し「アームーアームー」（[aːmːaːmː]，<ː> は長音記号，

<::> で普通より長く伸ばすことを表す）と発音してみると，口が開いた状態と閉じた状態が交互に繰り返される様子が観察できます。[a] のように肺から出た空気の流れ（気流）が途中で邪魔されることなく口から外に出て行き発せられる音が母音で，[m] のように気流が途中で妨げられて発せられる音が子音です。[a, m] 以外にも母音や子音があり種類もいろいろですが，それらについてはまた後で詳しく見ます。

1.4 有声音と無声音：s と z は何が違うのか

　英語の複数形や過去形などの作り方を学ぶときに出てくる有声音と無声音。[s] は無声音で [z] は有声音というのは知っていると思います。ではこの2つの違いは何でしょうか。

　耳を塞いで [s::z::s::z::] と発音してみてください（母音が入って [su::zu::su::zu::]「スーズースーズー」とならないように注意してください）。[z::] と発音すると頭の中で強く響かないでしょうか。[z::] と伸ばして発音するのが難しい人は，[f::v::f::v::] と発音するか，手に息を吹きかけるように「ハー」と言うのと普通の「アー」を交互に発音してみてください（[h::a::h::a::]）。

　次に，次ページの図のように片手の手の平を喉に当てるか，または指先を後ろに向け両手で首を包み込むようにして触れ，同じように [s::z::s::z::] と発音してみると，[z::] のところで喉仏のあたりが振動しているのが感じられます。

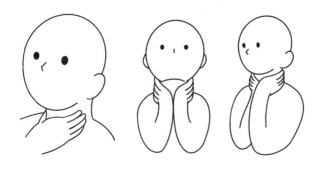

ここに声帯があり，この声帯の震えがあるのが有声音，ないのが無声音です。[f::v::f::v::] と発音してみると，同じように [v::] のところで喉が振動し [f::] では振動しないので，[f] は無声音で [v] は有声音ということになります。[a::i::u::e::o::] でも喉が振動しているので母音は有声音であることがわかります。囁き声で発音するときはすべて無声音になるので，母音も無声音です。

　このように，肺からの気流が喉の声門を通るときに声帯が震えて出される音が有声音で，声帯の震えがない音が無声音です。

　第1章では，言葉は記号の一種で形式として音声を用いること，音声を作り出す音声器官の構造，母音と子音，有声音と無声音の違いについて見ました。続いて第2章では，さらに細かく音を分類する方法，ローマ字，発音記号による音の表記の仕組みについて見ていきます。

第2章　日本語の発音，音の分類

2.1 ローマ字の仕組み

「マ」と発音すると，初めに唇が閉じ，そのあと口が開き「ア」の音が続きます。片仮名の「マ」はこれ以上分解できませんが，同じ音をローマ字で書くと ma となり，m と a に分解できます。最初の m は口を閉じて肺からの気流を鼻に抜いて発せられる音（子音）を表し，a はその後の「ア」の音（母音）を表します。仮名は子音と母音の組み合わせを1字で表しますが，ローマ字では子音と母音をそれぞれ別の文字で表します。

「マ・ミ・ム・メ・モ」の発音は，唇を閉じ息を鼻に抜いて発するという点は共通ですが，m に続く母音がそれぞれ「ア・イ・ウ・エ・オ」であるという違いがあります。この部分を a, i, u, e, o で表し，m と組み合わせ ma, mi, mu, me, mo と表記します。

このように，仮名1文字で表される音を，子音と母音に分解してローマ字で表記すると，音の構造が可視化されわかりやすくなります。

　小学校で五十音図について学んだときには，アイウエオ
の順番，そしてアカサタナ……の順番も覚えたと思います
が，五十音図ではなぜこのように文字が配列されているの
でしょうか。

ワ	ラ	ヤ	マ	ハ	ナ	タ	サ	カ	ア
	リ		ミ	ヒ	ニ	チ	シ	キ	イ
	ル	ユ	ム	フ	ヌ	ツ	ス	ク	ウ
	レ		メ	ヘ	ネ	テ	セ	ケ	エ
ヲ	ロ	ヨ	モ	ホ	ノ	ト	ソ	コ	オ

　次のように仮名ではなくローマ字に置き換えてみると，
行（縦の列）が子音を，段（横の列）が母音を共有してい
ることが一目瞭然です。

wa	ra	ya	ma	ha	na	ta	sa	ka	a
	ri		mi	hi	ni	ti	si	ki	i
	ru	yu	mu	hu	nu	tu	su	ku	u
	re		me	he	ne	te	se	ke	e
wo	ro	yo	mo	ho	no	to	so	ko	o

母音と子音に着目して分類されているので，この表が発音
に基づくものであることは明らかですが，では，a-i-u-e-o
と a-ka-sa-ta-na-ha-ma-ya-ra-wa がこの順序なのはどうし
てでしょうか。そんなことは知らなくても使える五十音図
ですが，この順序になっている理由について考えてみると，

異なる音を作り出す仕組みが見えてきます。

　ア の段を読むときは，おそらく数の上で切りのよい「ア・カ・サ・タ・ナ」と「ハ・マ・ヤ・ラ・ワ」の5文字ずつに分けて読む人が多いと思いますが，実は「ア」「カ・サ・タ・ナ・ハ・マ」「ヤ・ラ・ワ」の3つ（あるいは「ア・カ・サ・タ・ナ・ハ・マ」「ヤ・ラ・ワ」の2つ）に分かれます。

■ カ行からマ行まで：子音の分類

　ア行が母音を表すことは知っている人が多いでしょう。ア行は後で扱うとして，まずはカ行からマ行までの順序について検討しましょう。各行から子音を取り出し，発音の特徴に基づいて整理すると次のようになります。

マ	パバ	ナ	タダ	サザ	カガ	
				s z		近付ける
	p b		t d		k g	付けて離す
m		n				付けたまま
両唇			舌先		舌奥	

ハ行の h が入っていませんが，これについては後で説明します。

　表の中段の [p, b, t, d, k, g]（パ・バ・タ・ダ・カ・ガ）はどれも唇または舌で閉鎖を作り肺からの気流を一度どこかで止めてから一気に離して作られる音で，「破裂音」あるいは「閉鎖音」と呼ばれます。破裂のような音を作り出す方法を「調音様式」または「調音方法」といいます。ゆっくりと順に発音してどこで破裂させているかを観察す

15

ると，破裂（閉鎖）している場所が両唇・舌の先・舌の奥
と変わっていくことがわかります。この閉鎖（狭め）が作
られている位置は「調音位置」と呼ばれます。

　左2列の [p, b, m]（パ・バ・マ）は両唇を使って作る音
です。音声学では「両唇音」と呼ばれます。[p, b] では
一度閉じた唇を破裂させ，[m] では閉じたままという違
いがあります。[p, b] は破裂音ですが，破裂音は鼻を塞
いだままでも発音できます。[m] では唇は閉じたままな
ので口からは空気は出られず，鼻から出て行くことになり
ます。[m::] と伸ばして発音しながら鼻を塞ぐと音が止ま
るので，鼻から空気が抜けていたことがわかります。鼻に
空気を抜いて発音する [m] は「鼻音」と呼ばれます。[b,
m] はどちらも発音するときに声帯が震えるので有声音で
す。[p] では声帯は震えないので無声音です。[p] は「無
声両唇破裂音」，[b] は「有声両唇破裂音」ということに
なります。[m] は「両唇鼻音」と呼ばれます。鼻音は普
通有声なので「有声」は付けません（無声であることを示
すときには <。> という印を付け [m̥] とします）。漢字の馬
（ば，ま），万（ばん，まん），美（び，み），無（ぶ，む），木
（ぼく，もく）などにバ行とマ行，両方の音読みがあること
からも，bとmには似たところがあることが窺われます。
　[t, d, n]（タ・ダ・ナ）では舌の先が上に付きますが，そ
の部分が歯茎にあたるので，「歯茎音（しけいおん）」と呼
ばれます。上の歯の裏に当たる場合は「歯音」となります。
[t] は [d] に対応する無声音で，[t, d, n] はそれぞれ「無
声歯茎破裂音，有声歯茎破裂音，歯茎鼻音」と呼ばれます。
　[s, z]（サ・ザ）も歯茎音ですが，[t, d] と違い舌を歯茎
に近付けて出す摩擦音です。[s, z] はそれぞれ「無声歯茎

摩擦音，有声歯茎摩擦音」と呼ばれます。ザ行音は摩擦音 [z] ではなく「破擦音」と呼ばれる [dz] で発音されることもあります。「ツァ・ツィ・ツ・ツェ・ツォ」の子音は [ts] で，無声歯茎破擦音ですが，この音に対応する有声音が [dz] です。

[k, g]（カ・ガ）は舌の奥のほうを付けて出す音です。（発音記号では普通 [g] ではなく [ɡ] の字形の文字を使いますが，[g] を使ってもよいことになっています。）舌が付く上の部分は「軟口蓋」と呼ばれる部位で，[k, g] は「無声軟口蓋破裂音，有声軟口蓋破裂音」と呼ばれます。

p. 15の表で挙げなかった [h]（ハ）は喉の奥のほうで出す摩擦音で，「無声声門摩擦音」と呼ばれます。昔はハ行の子音は無声両唇摩擦音 [ɸ]（「ファ」の子音）で，両唇を使って発音されていたと考えられており，五十音図でハ行がこの位置に配置されているのはこういう事情からです。「ハ」[ɸa]，「ヘ」[ɸe] は [ha, he] へと発音が変わりましたが，助詞の「は，へ」は [wa, e] に発音が変わりました。[wa, e] と発音される現在でも，昔の発音を表す「は，へ」が使われています。

　このように，カ行からマ行の冒頭の音は〈調音位置〉，〈調音様式〉，〈有声・無声〉の3点で分類でき，その観点から配列されていることがわかります。

両唇	舌先	舌奥	
（は）	さ・ざ		摩擦音（破擦音）
ぱ・ば	た・だ	か・が	破裂音
ま	な		鼻音

▷**太字**は子音部分が有声音，「は」は昔は「ふぁ」の音

17

■ ア行の音：母音の分類

　次に最初に戻ってア行の母音について考えましょう。第１章で見たとおり，母音は肺からの気流がどこでも妨げを作られずに発せられる音でした。妨げがあるのが子音で，妨げが作られる場所（調音位置），調音の方法（調音様式），有声か無声かの３点で分類できましたが，母音は妨げなしに作られる音なので，同じ基準では分類できません。それでは母音同士は何が違うのでしょうか。

　「イ・エ・ア」と発音すると，口が開いていくのがわかります。「ウ・オ・ア」でも口が開いていきます。口が開く（顎が下がる）ということは，舌も一緒に下がります。この，舌の位置が変わる（口腔内の形状が変わる）ことが重要です。舌は柔軟で大きく動かすことができるので，口の開き・顎の位置は変えずに舌の位置を変えることもできます。試しに指や鉛筆などを上と下の歯で軽く噛み，口の開きが変わらないようにして，「イ・エ・ア」，「ウ・オ・ア」と発音してみてください。口の開きは同じでも，違う母音が発音できると思います。口を少し大きく開いて鏡で舌を見ながら「イ・エ・ア」と言うと舌の動きがよくわかります。

　今度は「イ・ウ・イ・ウ」，「エ・オ・エ・オ」と言ってみると，舌が前後に動くのが感じられます。次ページ上の図は，Ｘ線写真を基に母音「ア・イ・ウ・エ・オ」を発音したときの舌の位置，形状を描いたものです。舌の一番高くなっているところを「・」で示しましたが，母音による舌の位置・形状の違いがよくわかります。

　このように母音によって舌の位置・形状が変わるわけですが，舌の一番高くなっている点を基に各母音の相対的な

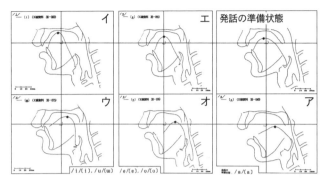

上段の右が発音前の口の構えで，左・中が「イ・エ」，下段
左・中・右が「ウ・オ・ア」と発音したときの舌などの位置

※国立国語研究所（1990）を基に作成，「イ，発話の準備状態」などの説明
　の言葉，＋の線，・を追加

位置を，ア・イ・ウを頂点にして三角形に配置したものを
「母音の三角形」と呼びます。上の図と同様に，左が前で
右が後ろになります。

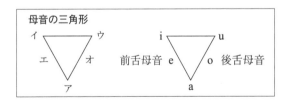

この図ではアは中央に配置されていますが，上の X 線写
真による図を見るとアは実際には後ろ寄りです。舌の位置
が前寄りの母音を「前舌母音」，後ろ寄りの母音を「後舌母音」
と呼びますが，アは後舌母音に分類されます。

「前舌」と聞くと舌の先，前の部分のことを指していると思ってしまいがちですが，舌の先は「舌尖」で，前の部分は「舌端」，そしてさらにその後ろが「前舌」でした。勘違いしやすいところなので図で舌の位置・形状をよく確認してください。下の図は p. 7に掲載した斎藤（2006）の発音器官の図の一部を拡大したものです。舌尖，舌端，前舌と上部の対応する箇所の位置を再度確認するといいでしょう。

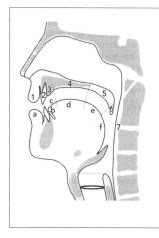

1	上唇	a	下唇
2	上歯	b	舌尖
3	上歯茎	c	舌端
4	硬口蓋	d	前舌
5	軟口蓋	e	後舌
6	口蓋垂	f	舌根
7	咽頭壁		

1-a, 2-a, 2-b, 2-c などの組み合わせで調音されることもあり，1〜7とa〜fが一対一の関係にあるわけではない点に注意。

「イ」と「オ」の間には，前舌・後舌の違いに加え，唇が平らか円めるかという違いもあります。「イ」と発音するときには唇は円めず平たい状態のままですが，「オ」と発音するときには唇は少し円まります。「イ」は非円唇母音で，「オ」は円唇母音です。

「ウ」は唇を円めて発音されることもありますが，円めな

いほうが普通でしょう。英語では「ウ」に相当する母音は
円唇音なので，円めないと英語としては違和感のある発音
になってしまうので注意しましょう。

〈コラム〉写真を撮るときに「チーズ」と言うのはなぜ？

　小学生のときに不思議だったのが，遠足などで写し
た写真でひょっとこのような口になっていること。謎
が解けたのは大学生になって音声学を学んでからでし
た。

　写真を撮るときに言う「はい，チーズ」は英語の
"Say cheese." が元。英語なら被写体が "Cheese." と言
っているところでシャッターが切られます。[tʃiːz]
は1音節で1拍の語。唇が平たく笑顔のように見える
[iː(z)] の箇所で写ることになります。

　　"Say cheese!"　"Cheese!"
　　　　　　　↑ ここでシャッター

　しかし日本語ではそうは行きません。「ウ」を発音
するときは普通唇を円めませんが，写真を撮るときに
言う「チーズ」の「ウ」では円唇音となることも多い。
「ズ」のところでシャッターが切られるため，結果と
して唇を円めたひょっとこのような口の形で写真に写
ることになるわけです。

　　「はい，チーズ！」「チーズ！」
　　　　　　　　　↑ ここでシャッター

　問題が「チーズ」にあることに気付いた人たちがい
たのでしょう。「（1+1は？）2」，「キムチ」など

「イ」で終わる言葉が使われるようになりましたが，今でも「チーズ」と言う習慣は残っています。「チーズ」と言って写真を撮るときは，唇を円めないように気を付けたいですね。

■ヤラワ：半母音

残るは「ヤ・ラ・ワ」。「イア」[ia] と 2 拍（2 音節）で発音すると母音を 2 つ並べたものになりますが，「イ」[i] から「ア」[a] に滑らかに繋げ 1 拍で発音すると「ヤ」[ja] になります。発音記号では [j] ですが，ローマ字で日本語を表記するときには y を用いて ya と書きます。同じく「ウ」[u] から「ア」[a] に繋げて発音すると「ワ」[wa] になります。

[j] は [i]，[w] は [u] の方向から続く母音に向かうことが重要なので，口の開きの大きい [a] の場合，[i, u] ではなく，途中の [e, o] ぐらいの位置から舌の移動が始

22

まることもあります。

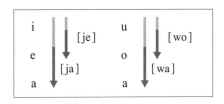

逆に母音が [i, u] の場合は [i, u] よりも狭いところから始めなければなりませんが，日本語話者はこれが苦手で，year, yield や wood, wound のような語では苦労し，ear-year, east-yeast の区別が付かない発音になることもよくあります。

	イヤー		イースト
耳	ear [ɪɚ]	東	east [iːst]
年	year [jɪɚ]	酵母	yeast [jiːst]

[j, w] は「半母音」あるいは「接近音」と呼ばれる音で，他の子音とは別に扱われることがあります。他の子音の後に [j, w] が付いて「キャ」[kja]，「キュ」[kju]，「キョ」[kjo]，「クァ（クヮ）」[kwa] のようになると「拗音」と呼ばれる音になります。

　舌の先を歯茎に付け，舌の両脇を開けて気流を通して発音する [l] も接近音の一種です。日本語のラ行音は（[l] のように発音される場合を除いて）接近音ではありませんが（☞ pp. 29-30），英語の red などの語頭の r は接近音で，舌の先が上に近付きますが触れません。（この音を他の r の音

と区別して示す必要があるときは [ɹ] という記号を用います。
（☞ p. 46）英語でも [j, r, l, w] は他の子音と異なる振る舞
いをします。たとえば，これらの音は [tj, tr, tw]（tune,
tree, twin），[dj, dr, dw]（dew, dry, dwell），[kj, kr, kl,
kw]（cue, cream, clean, quick）のように語頭の子音の後に
続くことができます。これは他の子音にはない特徴で，子
音の連続が可能な英語でも [tk, kt, bd, db, gd] などは語頭
で用いられません。（ちなみに，s は sp, st, sk, sm, sn のよう
に音節の先頭で他の無声子音，鼻音の前に現れることができる
という特徴があります。）

さて，これで子音，母音，半母音について見たことにな
りますが，まとめるとこんなふうになります。

| 両唇 | | 舌先 | | | 中 | 奥 | 喉 | |
マ	パバ	ナ	タダ	サザ		カガ	ア	
							a	母音
				s z				摩擦音
	p b		t d			k g		破裂音
m		n						鼻音
ワ		ラ			ヤ			
w		r			y			接近音　半母音

口を大きく開け，肺からの空気が喉の声帯の震えで声とな
り妨げられずに口から外へと出て行くのが母音の「ア」，
唇が完全に閉じたままで空気が鼻から出て行くのが「マ」
の子音というふうに，五十音図の「ア」から「マ」までの
仮名は，表す音が一番開いた状態から一番閉じた状態の音

へと配置されていることになります。

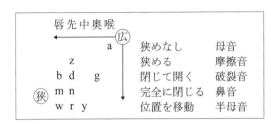

「ヤ・ラ・ワ」から母音を除いた部分は母音と他の子音からは区別される音になり，これらも奥のほうから口先のほうへと並べられています。[j, w] は「半母音」と呼ばれます。

　なお，口が完全に開いた形を「阿形（あぎょう）」，完全に閉じた形を「吽形（うんぎょう）」と呼びますが，金剛力士（こんごうりきし）像（ぞう），神社の獅（し）子狛犬（しこまいぬ）など対になっているもので阿形と吽形にしているものは多く見られます。

2.3 長音と促音：「っ」ってどんな音？

「カ」（蚊）と「カー」（車）は母音の長さで区別されます。母音の長さを表すのは日本語では重要で，表現方法はいくつかあります。1 つは母音字を繰り返す方法。「アア」で「ア」を 2 回読むこともありますが，長く発音されること

もあります。別の方法として音引き「ー」を使う方法があります。ローマ字では次の方法が用いられます。

1. a　　長母音であることを明示しない
2. aa　　母音字を重ねる
3. ā, â　長音記号を付ける
4. ah　　h を付ける

「エ，オ」の場合には「エイ，オウ」が長母音を表すこともありますが（えいご [eːgo]，おうさま [oːsama]），ローマ字でも，2 の方法にあたる ee, oo に加え，ei, ou で長母音が表されることもあります。

　1 の長音であることを示さない方法は，ある意味，英語的です。日本語では「小野・大野」，「主人・囚人」「首都・州都」のように母音の長さの違いで別の語になってしまいますが，英語では母音の長さで単語を区別しないため，これらの組み合わせは区別しにくい発音になります。そもそも区別しないので，ローマ字書きの日本語を英語話者が読むと，短母音と長母音の区別がなくなってしまいます。また，英語の表記には ā, â に付いているような記号（diacritical mark，ダイアクリティカルマーク）は naïve, café のような外来語を除き使われないため，日本語の長母音を表す記号も端折られてしまいがちです。

　「英語では母音の長さで単語を区別しない」と書きましたが，これを読んで驚いた人もいるかもしれません。たとえば，hill/heel（ヒル／ヒール），live/leave（リブ／リーブ）などでは短母音と長母音の違いで単語を区別しているように見えます。しかし，これらの母音の違いを長さの違いと捉

えてしまうと英語の母音の発音の特徴を正しく捉えられません。英語の母音の長さは英語の発音を身に付けるうえで重要なポイントになりますが，これについては第 4 章「英語の音節」で詳しく説明します。

さて，母音の次は子音の長さについて考えましょう。母音に長短の区別があるように，子音にも短いものと長いものがあります。

「アパ」（apa）と発音してみると，p のところで，まずは唇を閉じ，そのあと唇を開いていることがわかります。唇を閉じるのが 1 回，開くのが 1 回です。では，「アッパ」（appa）のほうはどうでしょうか。ローマ字表記の appa では p が 2 つ書かれていますが，こちらも唇を閉じるのが 1 回，開くのが 1 回です。発音上は p を 2 回発音してはいません。apa の p と違うのは，閉じてから破裂させるまでの時間の長さです。pp で表される音は長く発音される子音，「長子音」ということになります。発音記号では長音符 <:> を付け [p:] と表記することができます。

英語では母音の長短で別の音にならないように，子音でも長さの違い（短子音か長子音か）では区別されません。bookkeeper のように 2 つの子音が連続して長子音のようになる場合は別として，happen の [p] を短く「ハプン」と発音しても，長く「ハッブン」と発音しても，happen は happen です。captain の [p] が長めになり日本語話者に「キャップテン」と聞こえても，短めで「キャプテン」と聞こえても，captain は captain です。短い単語の cap では p がゆったりとやや長めに，長い captain では詰まって短く発音されると，日本語話者の耳には「キャップ，キャ

27

プテン」と聞こえたりしますが，英語で「ッ」の有無で表されるような違いがあるわけではありません。

cap 　　　[kæp] 　　キャップ
captain 　[kǽptən] 　キャプテン

短く発音しても長く発音しても，同じ子音であることに違いはなく，長さは他の要因に影響を受けて決まるため，発音記号による単語の発音表記ではその部分についての情報は書かれません。したがって，[kæp] と [kǽptən] をよく見ても，「ッ」にあたる部分は見つからないことになります。（さらに詳しくは第 4 章「英語の音節」で説明します。）

　さて日本語の話に戻って，ローマ字では同じ子音字を重ねて書くこの長子音が「促音」になります。仮名では促音は「っ, ッ」で表され，「アッパ appa，アッタ atta，アッカ akka，アッサ assa」は [ap:a，at:a，ak:a，as:a] となります。前に音がないといつ閉じたのかわからず，閉じてから解放するまでの間が長いことはわからなくなるので，短子音と長子音の区別が付けられなくなります。また，口を閉じる位置は「っ」の後の仮名が表す音の子音によるので，前後の音のない「っ」の部分だけ取り出して発音することはできません。「あ，か」の場合，それだけ取り出して発音してみせることができますが，「っ」だけ発音してみせることはできないことになります。

　「あっ」と書いて「あ」とは別の発音を表すことがありますが，「っ」が後に続く音の子音の部分を伸ばす発音ならば，後ろに音の続かない，この「っ」は何を表しているのでしょうか。舌が上に付いたりしないように口を開けたま

までも「あっ」と言うことができますが，その場合の
「っ」は，声門で閉鎖を作り，呼気をそこでピタッと止め
ることにより作られるものです。「あっ」で止め，その止
めた状態から一気に空気を解放すると，咳やため息のよう
な音が出るので，声門で空気の流れを止めていることがわ
かります。

　このように，「っ」で表される促音は現れる場所（専門
用語では「環境」）で発音が変わり，「っ」だけを取り出し
て単独で発音できる音ではありません。

「ラララッラ」はローマ字で書くと rararra となりますが，
同じ r で書かれても実際の発音は違っています。最初の r
は舌の先が上に付いた状態から発音されますが，次の r は
母音間で舌の先は上に付いていない状態から上を叩いて発
音されます。次の「ッラ」rra の rr は長子音ということに
なりますが，1 つ前の r は叩いて出す音でしたがそれでは
伸ばすことができません。伸ばせるように発音すると舌の
先が上に付いている時間が長くなり，[1] のような音にな
ります。このように，同じ子音だと思っていても実際に出
される音は違っています。

　日本語では r と l の区別はなく，英語の l と r の区別が
付かず，l の発音ができない。そのことについて，「リカ
Rika のような名前を日本語話者がゆっくり言ってみせる
と，英語話者は L で書き取る。日本語のラ行音は r ではな
く l で，l の発音はできているのだ」という趣旨のことが
書かれているのを見たことがありますが，ラ行音の子音が
どんな音になるかは，現れる位置，話す速さによっても変
わる点に注意する必要があります。ゆっくり 1 つ 1 つ強調
して発音すると，語頭の Ri の子音部分も強調されて長め

に発音され，[1] のような音になることがありますが，これを基にラ行音はすべて [1] だとはいえません。よく観察しようとゆっくりと発音すると普通とは違った発音になってしまうこともあります。発音を観察するときにはこういう点にも注意が必要です。

2.4 撥音 :「ん」ってどんな音？

今度は「ん」が表す音について考えましょう。この音は「撥音」と呼ばれます。「湯麺と豚骨ラーメンを」には平仮名で書けば「ん」で表される音が 4 回出てきますが，これらはどんな音でしょうか。みな同じ音でしょうか。まずは自分で発音して確認してください。

タンメンとトンコツラーメンを

気を付けなければいけないのは，発音は話す速さでも変わること。じっくり観察しようとゆっくり発音すると，普通の速度で発音したときとは違った発音になってしまいます。

話す速度にもよりますが，普通の速さで発音した場合，4 つとも異なる音で発音していないでしょうか。次に示したのはローマ字と発音記号で示した「湯麺と豚骨ラーメンを」です。ローマ字では参照しやすいように <n¹> のように番号を振っています。

タンメン と トンコツ ラーメンを
tan¹men² to ton³kotsu ramen⁴-o
[tammen to toŋkotsu ramen o]

30

どれも片仮名では「ン」，ローマ字ではnと書かれますが，発音は後ろに続く音によって違ってきます。<n¹> は後ろが両唇音の [m] なので，この音も両唇音の [m] になっています。<n²> は後ろが歯茎音 [t] なので歯茎音 [n]，<n³> は続く [k] が軟口蓋音なので軟口蓋音の [ŋ]，<n⁴> は母音が続くので口蓋垂音の [ɴ] または鼻母音の [ẽ, õ]（鼻に息を抜いて発音する「エ，オ」）などで発音されます。[ɴ] のときに使う口蓋垂は喉彦（の付いているところ）のことです。うがいをするときに震えるところですね。

　ガ行が鼻にかかったような発音になることがあり，「鼻濁音」と呼ばれますが，そのときの子音は軟口蓋鼻音の [ŋ]（または口蓋垂鼻音 [ɴ]）になっています。[ŋ] は前に見た表でいえば，下に○で示した位置の音になります。

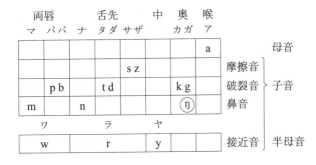

[ɴ] は表にありませんが，「奥」と「喉」の途中にある口蓋垂の位置で出す鼻音です。

　[ŋ] は英語では ng で書かれる音で，sing, king などに現れます。英語では音節末の [m, n, ŋ] は別の音として扱わ

れ，入れ替えれば別の単語になります。

```
[m]  sum   rum   clam   bam   swim          skim
[n]  sun   run   clan   ban          thin   skin
[ŋ]  sung  rung  clang  bang  swing  thing
```

日本語話者には同じ「ン」に聞こえる音も英語では発音に従い m, n, ng で綴られます。ただし，c, ch, k, q [k], x [ks, gz], g [g] の前の [ŋ] は n です。

```
c    sanction   extinct        q   conquest   banquet
ch   anchor     synchronize    x   jinx       anxiety
k    think      sank           g   finger     angry
```

語末の [ŋ] は「ング」と捉えられやすく綴りは間違いにくいので，注意が必要なのは p, b の前の m です。日本語につられて computer を conputer と書いてしまわないよう，気を付けましょう。

```
impossible    インポッシブル      think     シンク
complex       コンプレックス      thank     サンク
September     セプテンバー        anchor    アンカー
number        ナンバー            finger    フィンガー
ambassador    アンバサダー        English   イングリッシュ
```

〈コラム〉「イッヌ」の発音は？

　SNS などで「イッヌ」（犬）という表記を見ること

がありますが，皆さんはどう発音するでしょうか。
「ネッコ」（猫）なら nekko [nekːo] で [k] が長子音に
なりますが，[n] を長子音にして [inːu] と発音する
と「インヌ」と同じになります。「インヌ」と同じな
のか，それとも別の発音なのか。気になったので，
2019 年 11 月 29 日にツイッターでこんなアンケートを
取ってみました。

発音記号が読める人への質問
「イッヌ」の発音は？（[u] と [ɯ] は区別しない。）

innu（inːu）	9.7%
iʔnu	38.7%
it̚nu（代用表記 itˈnu）	39.5%
その他（発音不能を含む）	12.1%

投票数 124 票。[innu]（[inːu]）なら「インヌ」と
同じ。しかし，「ッ」の詰まった感じを出そうと思え
ば，鼻音ではなく，破裂音のようにどこかでピタッと
止める必要があります。[iʔnu] の [ʔ] は声門で止め
る音（声門閉鎖音）です。続く [n] と同じ歯茎の位置
で止めることを表したのが [t̚] の記号で，[̚] は破裂
音で閉鎖を作るだけで破裂させないことを示す記号で
す。最初の 3 つのどれにも票が入っていますが，その
他に投票した人もいます。複数の可能性があるか，そ
もそも「イッヌ」は普通発音できない音を表すものだ
と考えて，こちらに票を入れた人もいるかもしれませ
ん。このアンケートではどう発音するのが普通かはわ
かりませんが，「イッヌ」が表しうる音にはいろいろ

あり，1つではないことはわかります。

2.5 摩擦音と破擦音：「じ」ってどんな音？

　五十音図で発音を確認したときには，サ行，ザ行の子音は摩擦音で，ザ行の子音は破擦音になることもあると説明しました。よく観察すると，ザ行の子音も現れる場所，環境によって使い分けられていることがわかります。

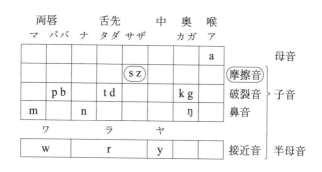

両唇			舌先			中	奥	喉	
マ	パ	バ	ナ	タ	ダ	サ	ザ	カ	ガ	ア

								a	母音
				s z					摩擦音
	p b		t d			k g			破裂音
m		n				ŋ			鼻音

ワ		ラ		ヤ		
w		r		y		接近音

　まずは「サ」[sa]，「タ」[ta]，「ツァ」[tsa] の子音の違いの確認から。「サ」の [s] では舌の先は歯茎に近付くだけで付かずに，できた隙間を気流が通り抜け，生じた乱気流で摩擦音が生じます。「タ」の [t] では完全にくっ付き，一気に破裂させ空気を解放します。「ツァ」の [ts] は気流を一度止める点では破裂音 [t] と同じですが，破裂音のように一気に解放するのではなく，緩やかに解放して出す音です。緩やかに解放するので完全に解放される前に狭めができ摩擦音が生じます。こうやって発せられる破裂音

と摩擦音を組み合わせた音は「破擦音」と呼ばれます。

　破擦音は発音記号では破裂音と摩擦音の記号を並べて表されます。単に並べるのではなく連結記号（タイ，<‿>，<͡>）で繋いだり，2つを組み合わせた1つの文字（合字，抱き字，リガチャ）が用いられることもあります。

　　文字の連続　　ts　dz　tʃ　dʒ
　　タイで連結　　t͜s　d͜z　t͜ʃ　d͜ʒ
　　合字　　　　　ʦ　ʣ　ʧ　ʤ

　日本語では「サ」[sa]と「ツァ」[tsa]は別の音で，区別は容易な人が多いでしょう。では[s, ts]に対応する有声音[z, dz]ではどうでしょうか。試しに「座布団」zabuton と「お座布団」ozabuton を発音し，z にあたるところの発音がどうなっているか観察してみてください。

　　座布団　　　zabuton　　　　地蔵様　　　jizousama
　　お座布団　　ozabuton　　　お地蔵様　　ojizousama

「座布団」の発音は舌の先が上に付いた状態から始まるのに対し，「お座布団」では z にあたるところで舌の先が歯茎に近付いていても付いてはいないのではないでしょうか。逆で発音することもできますが，特に意識せずに普通の速さで発音するとこうなることが多いでしょう。つまり前者は破擦音[dz]，後者は摩擦音[z]になっているわけです。「地蔵様」と「お地蔵様」でも，ローマ字で j で表記される箇所の発音を観察すると，同様の違いがあることがわかります。「地蔵様」のような語頭では破裂の部分は軽く，「破

擦音気味」という感じかもしれませんが、「エッジ」ejji のように「ッ」が前にある場合にははっきりと破擦音で発音されます。その場合でも、特に「レジ」reji の「ジ」と違う音という意識はないでしょう。

　このように、日本語の話者は違いがあってもその違う音を普段は別の音として認識していません。別の音とは認識していない音を無意識のうちに使い分けています。この使い分けを意識的にあるいは日本語とは別のルールで行おうとすると苦労します。日本語では区別しない [z, dz] も英語では区別されます。cars-cards のように摩擦音 [z] か破擦音 [dz] かの違いで単語が区別されます。英語と日本語ではそういった違いがあるため、英語の発音では気を付ける必要があります。ただし、英語でも語頭では [z, dz] の区別はなく、zoo [zuː] の [z] を軽く破擦音気味にし [dzuː] のように発音しても問題は生じないため、破擦音気味に発音されることもあります。

　次ページの表の A～F は日本語と英語の摩擦音と破擦音を母音付きで示したものです。A は日本語の無声音の摩擦音と破擦音です。音節単位で仮名で表記しています。同じものを発音記号で示したのがその下の C。A から D には [ɕ, ʑ] という見慣れない記号が書かれていますが、該当する日本語の子音を表す記号です。子音の部分の違いを確認してください。D は C に対応する有声音の表です。日本語の有声音では摩擦音と破擦音が区別されず、仮名で書くと B に示したように同じになってしまいます。D の表を見ながら摩擦音と破擦音の違いを意識して発音してみましょう。E は C（＝ A）の子音を英語の子音に置き換えたものです。[ʃ] は shop, fish、[tʃ] は cherry, reach など

A.

ɕ	tɕ	ts	s
シャ	チャ	ツァ	サ
シ	チ	ツィ	スィ
シュ	チュ	ツ	ス
シェ	チェ	ツェ	セ
ショ	チョ	ツォ	ソ

B.

z	dz	dz	z
ジャ		ザ	
ジ		ズィ	
ジュ		ズ	
ジェ		ゼ	
ジョ		ゾ	

C.

ɕ	tɕ	ts	s
ɕa	tɕa	tsa	sa
ɕi	tɕi	tsi	si
ɕu	tɕu	tsu	su
ɕe	tɕe	tse	se
ɕo	tɕo	tso	so

D.

z	dz	dz	z
za	dza	dza	za
zi	dzi	dzi	zi
zu	dzu	dzu	zu
ze	dze	dze	ze
zo	dzo	dzo	zo

E.

ʃ	tʃ	ts	s
ʃa	tʃa	tsa	sa
ʃi	tʃi	tsi	si
ʃu	tʃu	tsu	su
ʃe	tʃe	tse	se
ʃo	tʃo	tso	so

F.

ʒ	dʒ	dz	z
ʒa	dʒa	dza	za
ʒi	dʒi	dzi	zi
ʒu	dʒu	dzu	zu
ʒe	dʒe	dze	ze
ʒo	dʒo	dzo	zo

で用いられる子音ですが，日本語の「シャ，チャ」の子音 [ɕ, tɕ] が唇が平たく舌も平らな感じで発音されるのに対し，英語の [ʃ, tʃ] は唇を円め舌の中央をスプーンの先のような感じで窪ませて発音するという違いがあります。F は対応する有声音です。日本語の話者にとって一番易しい C（日本語・無声）で摩擦音・破擦音の違いを確認してから，C → D，C → E と進み，最後に一番難しい F（英語・有声）に進むといいでしょう。

　破擦音 [dz, dʒ] は一度完全に閉鎖を作るため，[dza] を繰り返すと「ザッザッザッザ」とスタッカートのように

１音１音切れる感じになります。それに対し摩擦音 [z, ʒ] では閉鎖はできないため途切れさせずに発音することができ，[za] を繰り返し「ザーザーザーザ」と切れずに繋げて発音できます。こちらも対応する無声音で感じを確認してから，有声音でも同様に発音できるかやってみるといいでしょう。

[saːsaːsaːsa]	[zaːzaːzaːza]
サーサーサーサ	ザーザーザーザ
[tsa tsa tsa tsa]	[dza dza dza dza]
ツァッツァッツァッツァ	ザッザッザッザ
[ʃaːʃaːʃaːʃa]	[ʒaːʒaːʒaːʒa]
シャーシャーシャーシャ	ジャージャージャージャ
[tʃa tʃa tʃa tʃa]	[dʒa dʒa dʒa dʒa]
チャッチャッチャッチャ	ジャッジャッジャッジャ

　標準的な英語の発音では [tr, dr] も破擦音になります。try, train, dry, dream などの tr, dr は文字としては２文字ですが，それが表す発音 [tr, dr] は音声学的には２つの音の連続ではなく１つの音で，[tʃ, dʒ] に似た音になります。この点をしっかり押さえておかないと train を chain, drunk を junk と聞き間違えたりします。しっかり発音しようと [t, d] と [r] を１つ１つ発音してしまうと，[t, d] の後に母音が入ってしまいがちです。train [tréɪn] が terrain [təréɪn] にならないように，[tr] は１つの音と思って発音するとよいでしょう。[tr, dr] を破擦音で発音しない英語話者もいて，それで通じなくなることはないので，神経質になる必要はありませんが。

2.6 隣り合う音による音の違い，歴史的な変化

　ローマ字で同じ文字が使われても，実際の発音には違いがあるケースを見てきましたが，そのような違いはいろいろなところで見られ，違いが生じる理由もいろいろです。「カ ka, キ ki, ク ku, ケ ke, コ ko」の k の音もよく観察すると違います。囁き声でゆっくりと「カ・キ・ク・ケ・コ」と言ってみると違いがよくわかります。特に「カ ka」と「キ ki」の違いははっきりしています。ka-ki-chi と並べて発音してみると，「キ ki」の子音は「カ ka」より「チ chi」の子音に似ていないでしょうか。このような [i, j] などの影響で調音位置が硬口蓋に近付いた発音になることを「口蓋(音)化」といいます。歴史的にこのような違いが段々と大きくなって，別の音になることもあります。詳しくは第二部「綴り字編」で説明しますが，英語で c は e, i の前では [k] ではなく [s] と発音されます（e.g. center, city）。これはラテン語で ce, ci と書いて「ケ，キ」と読んでいたものが，「ケ → チェ → ツェ → セ」，「キ → チ → ツィ → スィ」と発音が変わっても c で綴っていたフランス語の正書法を取り入れたことから生じた読み方です。フランス語もイタリア語もラテン語から派生した言語ですが，イタリア語では ce, ci は「チェ，チ」（dolce, Gucci, carpaccio）と読みます。

　日本語のサ行の「シ」si，タ行の「チ」ti の場合も他の母音が続く場合と比べ子音の発音が大きく変わっています。サ行，タ行の子音字が s, t が基本なので，それに合わせ綴ると si, ti になり，発音に合わせて（英語式で）綴ると shi, chi となります。小学校でローマ字を習うとき，訓令式では si を「シ」，ti を「チ」と読むと習います。それに対して，「シ」shi，「チ」chi と書かない訓令式ローマ字はおかしい，si, ti を「スィ，ティ」ではなく「シ，チ」と読ませるのは英語学習の邪魔になるのでローマ字教育は止めるべきだ，といわれることがありますが，実は英語でも ti を「チ」，si を「シ」と読むことはあります。たとえば question の ti はどう読んでいるでしょうか。

　question　suggestion　digestion　congestion

こういう場合，ti は「ティ」ではなく「チ」になります（「チオン」→「チョン」）。s の後は「チ」のままですが，他ではさらに変わって「シ」になります（「シオン」→「ション」）。

　nation　station　rational　potential

si が「スィ」ではなく「シ」になるのも英語ではよくあります。

　session　mission　controversial

訓令式では「チュ」は tyu ですが，半母音 y [j] が t と一緒になって「チュ」になるのは英語でも見られます。

　picture　nature　natural　fortune
　cf. -ure　ユア　　　cure　pure　lure
　　　-une　ユーン　　dune　tribune　commune　immune

口蓋音化は want you, express your のように単語をまたいで起きることもあります。

　日本語と違って英語でこのような変化が起きるのは強勢（アクセント，ストレス）のない音節（弱音節）という条件が付きます。「フォニックス」と呼ばれる教授法（英語の文字・綴りと発音の関係を示し，綴りの読み書きの学習を容易にする方法）で扱われるのは 1 音節語が多く，弱音節があまり出てこないため，このような文字の組み合わせの読み方は規則として扱われないという事情がありますが，入門期を過ぎれば，初級の段階でもこういうものは多く出てきます。

　中には強音節で口蓋化する語もあります。

sugar　tune　tube　Tuesday　student　stew

sugar の語頭の子音は /ʃ/ です。tune, tube, Tuesday, student, stew の語頭の子音は /tj, stj/（テュ，ステュ）ですが，/tʃ, stʃ/（チュ，スチュ）で発音する話者もいます。

　英語ではそんな発音はしない，日本語はおかしい，ローマ字教育は有害だ，ではなく，日本語と英語の共通点を見ていくようにすると楽しく，英語の発音と綴りの仕組みもよく見えてきて，英語の習得にも有益です。

2.7 国際音声記号（IPA）

　日本語の発音に限っても細かく見ていくと五十音図ではカバーし切れませんが，英語の発音も加えればなおさらで

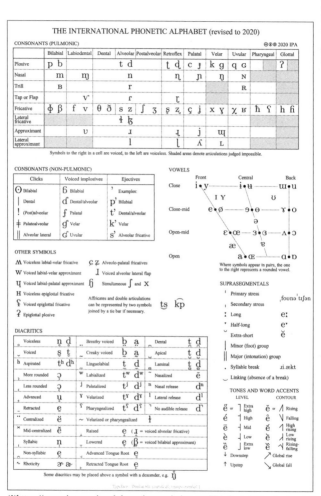

THE INTERNATIONAL PHONETIC ALPHABET (revised to 2020)

CONSONANTS (PULMONIC)   ©ⓅⓈ 2020 IPA

	Bilabial	Labiodental	Dental	Alveolar	Postalveolar	Retroflex	Palatal	Velar	Uvular	Pharyngeal	Glottal
Plosive	p b			t d		ʈ ɖ	c ɟ	k ɡ	q ɢ		ʔ
Nasal	m	ɱ		n		ɳ	ɲ	ŋ	ɴ		
Trill	ʙ			r					ʀ		
Tap or Flap		ⱱ		ɾ		ɽ					
Fricative	ɸ β	f v	θ ð	s z	ʃ ʒ	ʂ ʐ	ç ʝ	x ɣ	χ ʁ	ħ ʕ	h ɦ
Lateral fricative				ɬ ɮ							
Approximant		ʋ		ɹ		ɻ	j	ɰ			
Lateral approximant				l		ɭ	ʎ	ʟ			

Symbols to the right in a cell are voiced, to the left are voiceless. Shaded areas denote articulations judged impossible.

CONSONANTS (NON-PULMONIC)

Clicks	Voiced implosives	Ejectives
ʘ Bilabial	ɓ Bilabial	' Examples:
ǀ Dental	ɗ Dental/alveolar	p' Bilabial
ǃ (Post)alveolar	ʄ Palatal	t' Dental/alveolar
ǂ Palatoalveolar	ɠ Velar	k' Velar
ǁ Alveolar lateral	ʛ Uvular	s' Alveolar fricative

OTHER SYMBOLS

ʍ Voiceless labial-velar fricative   ɕ ʑ Alveolo-palatal fricatives
w Voiced labial-velar approximant   ɺ Voiced alveolar lateral flap
ɥ Voiced labial-palatal approximant   ɧ Simultaneous ʃ and x
H Voiceless epiglottal fricative
ʕ Voiced epiglottal fricative   Affricates and double articulations can be represented by two symbols joined by a tie bar if necessary.   t͡s k͡p
ʡ Epiglottal plosive

VOWELS

Close   i • y ———— ɨ • ʉ ———— ɯ • u
                    ɪ ʏ   ʊ
Close-mid   e • ø ———— ɘ • ɵ ———— ɤ • o
                              ə
Open-mid   ɛ • œ ———— ɜ • ɞ ———— ʌ • ɔ
                    æ   ɐ
Open   a • ɶ ———————— ɑ • ɒ

Where symbols appear in pairs, the one to the right represents a rounded vowel.

DIACRITICS

̥ Voiceless	n̥ d̥	̤ Breathy voiced	b̤ a̤	̪ Dental	t̪ d̪
̬ Voiced	s̬ t̬	̰ Creaky voiced	b̰ a̰	̺ Apical	t̺ d̺
ʰ Aspirated	tʰ dʰ	̼ Linguolabial	t̼ d̼	̻ Laminal	t̻ d̻
̹ More rounded	ɔ̹	ʷ Labialized	tʷ dʷ	̃ Nasalized	ẽ
̜ Less rounded	ɔ̜	ʲ Palatalized	tʲ dʲ	ⁿ Nasal release	dⁿ
̟ Advanced	u̟	ˠ Velarized	tˠ dˠ	ˡ Lateral release	dˡ
̠ Retracted	e̠	ˤ Pharyngealized	tˤ dˤ	̚ No audible release	d̚
̈ Centralized	ë	~ Velarized or pharyngealized	ɫ		
̽ Mid-centralized	e̽	̝ Raised	e̝ (ɹ̝ = voiced alveolar fricative)		
̩ Syllabic	n̩	̞ Lowered	e̞ (β̞ = voiced bilabial approximant)		
̯ Non-syllabic	e̯	̘ Advanced Tongue Root	e̘		
˞ Rhoticity	ɚ a˞	̙ Retracted Tongue Root	e̙		

Some diacritics may be placed above a symbol with a descender, e.g. ŋ̊

SUPRASEGMENTALS

ˈ Primary stress   ˌfoʊnəˈtɪʃən
ˌ Secondary stress
ː Long   eː
ˑ Half-long   eˑ
̆ Extra-short   ĕ
| Minor (foot) group
‖ Major (intonation) group
. Syllable break   ɹi.ækt
‿ Linking (absence of a break)

TONES AND WORD ACCENTS

LEVEL			CONTOUR		
e̋ or	꜒ Extra high		ě or	꜓ Rising	
é	꜓ High		ê	꜔ Falling	
ē	꜔ Mid		e᷄	꜒ High rising	
è	꜕ Low		e᷅	꜖ Low rising	
ȅ	꜖ Extra low		e᷈	꜔ Rising-falling	
ꜜ Downstep			↗ Global rise		
ꜛ Upstep			↘ Global fall		

Typeface: Doulos SIL (metadata: compatible)

※https://www.internationalphoneticassociation.org/IPAcharts/IPA_chart_orig/pdfs/IPA_Kiel_2020_full.pdf

国際音声記号 (改訂 2020)

子音 (肺気流)　　　　　　　　　　　　　　　　　　　　　　　　⊕℗© 2020 IPA

	両唇音	唇歯音	歯音	歯茎音	後部歯茎音	そり舌音	硬口蓋音	軟口蓋音	口蓋垂音	咽頭音	声門音
破裂音	p b			t d		ʈ ɖ	c ɟ	k g	q ɢ		ʔ
鼻音	m	ɱ		n		ɳ	ɲ	ŋ	ɴ		
ふるえ音	ʙ			r					ʀ		
たたき音／はじき音		ⱱ		ɾ		ɽ					
摩擦音	ɸ β	f v	θ ð	s z	ʃ ʒ	ʂ ʐ	ç ʝ	x ɣ	χ ʁ	ħ ʕ	h ɦ
側面摩擦音				ɬ ɮ							
接近音		ʋ		ɹ		ɻ	j	ɰ			
側面接近音				l		ɭ	ʎ	ʟ			

枠内で記号が対になっている場合，右側の記号が有声音を，左側の記号が無声音を表す。網掛け部分は，不可能と判断された調音を表す。

子音 (非肺気流)

吸着音	有声入破音	放出音
ʘ 両唇音	ɓ 両唇音	例：
ǀ 歯音	ɗ 歯音/歯茎音	p' 両唇音
ǃ (後部)歯茎音	ʄ 硬口蓋音	t' 歯音/歯茎音
ǂ 硬口蓋歯茎音	ɠ 軟口蓋音	k' 軟口蓋音
ǁ 歯茎側面音	ʛ 口蓋垂音	s' 歯茎摩擦音

母音

その他の記号

ʍ 無声両唇軟口蓋摩擦音　　　ɕ ʑ 歯茎硬口蓋摩擦音
w 有声両唇軟口蓋接近音　　　ɺ 有声歯茎側面弾き音
ɥ 有声両唇硬口蓋接近音　　　ɧ ʃ と x の同時調音
ʜ 無声喉頭蓋摩擦音
ʢ 有声喉頭蓋摩擦音　　破裂音と二重調音は，必要な場合
ʡ 喉頭蓋破裂音　　　　連結記号でつなげば2つの記号で　t͡s k͡p
　　　　　　　　　　　表すことができる。

補助記号

̥ 無声	n̥ d̥	息漏れ声	b̤ a̤	歯音	t̪ d̪
̬ 有声	s̬ t̬	きしみ声	b̰ a̰	舌尖音	t̺ d̺
ʰ 有気音	tʰ dʰ	舌唇音	t̼ d̼	舌端音	t̻ d̻
̹ 強い円唇化	ɔ̹	唇音化	tʷ dʷ	鼻音化	ẽ
̜ 弱い円唇化	ɔ̜	硬口蓋音化	tʲ dʲ	鼻腔開放	dⁿ
̟ 前進	u̟	軟口蓋音化	tˠ dˠ	側面開放	dˡ
̠ 後退	e̠	咽頭音化	tˤ dˤ	無声開放	d̚
̈ 中舌化	ë	~ 軟口蓋音化または咽頭音化			
̽ 中央化	e̽	上寄り	e̝ (ɹ̝ = 有声歯茎摩擦音)		
̩ 音節主音	n̩	下寄り	e̞ (β̞ = 有声両唇接近音)		
̯ 非音節主音	e̯	舌根前進			
˞ R音性	ɚ a˞	舌根後退			

基線の下まで伸びる記号の場合は，補助記号を上に付けてもよい。例 ŋ̊

母音（前舌・中舌・後舌／狭・半狭・半広・広）
記号が対になっている場合，右側の記号が円唇母音を表す。

超分節的要素

ˈ 主強勢	ˌfoʊnəˈtɪʃən
ˌ 副次強勢	
ː 長	eː
ˑ 半長	eˑ
̆ 超短	ĕ
ǀ 小さい (脚) 境界	
‖ 大きい (イントネーション) 境界	
. 音節境界	ɹi.ækt
‿ 連結 (無境界)	

声調と語アクセント

平板		曲線	
e̋ ˥ 超高		ě ꜛ 上昇	
é ˦ 高		ê ꜜ 下降	
ē ˧ 中		e᷄ 高上昇	
è ˨ 低		e᷅ 低上昇	
ȅ ˩ 超低		e᷈ 上昇下降	
↓ ダウンステップ		↗ 全体的上昇	
↑ アップステップ		↘ 全体的下降	

※https://www.internationalphoneticassociation.org/IPAcharts/IPA_chart_trans/
pdfs/IPA_Kiel_2020_full_jpn.pdf

43

す。世界には，日本語や英語では使われない音を使っていたり，使い分けのない音の区別をしたりしている言語がたくさんあります。世界のいろいろな言語の音を表すことを目的に国際音声学会（the International Phonetic Association, IPA）が定めた記号が国際音声記号（the International Phonetic Alphabet, IPA）です。これまで単に「発音記号」と呼んできたのはこの記号のことです。記号は何度か改訂されていますが，p. 42に掲載したのは2020年の最新版です。p. 43に参考として日本語版も載せましたが，英語版が正式のものです。母音の図は三角形ではなく台形になっています。

　このチャートの子音の表から，英語の発音表記に使われる記号と上で出てきた日本語の発音を表す記号を抜き出したものが次の表です。[p b] のように並んでいるものは，左が無声音，右が有声音です。鼻音のように有声音のみの場合は右寄りに配置されています。

	両唇音	唇歯音	歯音	歯茎音	後部歯茎音	硬口蓋音	軟口蓋音	口蓋垂音	声門音
鼻音	m			n			ŋ	N	
破裂音	p b			t d			k g		ʔ
摩擦音	ɸ	f v	θ ð	s z	ʃ ʒ				h
破擦音				ts dz	tʃ dʒ				
ふるえ音				r					
側面接近音				l					
接近音				ɹ		j			
両唇軟口蓋接近音	w						w		

　[n, t, d] は言語によって，あるいは同じ言語でも後続する音によって，調音位置が違うことがありますが，同じ記号で表します。区別する必要があれば補助記号を付けますが，英語の発音を表記するだけなら不要です。英語の [t, d] は舌の先（舌尖）を上げ歯茎に付けて発音することが多いですが，日本語では舌尖は下の歯の裏に付いたまま上げずに前のほう（舌端）を上の歯また歯茎あたりに付けて出すことが多いと思います。舌尖を上の歯茎に付けた発音の仕方でなければ通じないということはありませんが，そう発音すると英語の [tr, dr, tl, dl, tn, dn] などもスムーズに発音できます。[s, z] についても英語と日本語には違いがあります。舌尖が下の歯について発音されれば，口を広く開けても舌の裏は見えませんが，英語式では舌の先が歯茎近くまで上がり舌の裏が見えるので，自分の発音がどちらか，鏡で確認してみてください。

　唇歯摩擦音 [f, v] は日本語にない音なので上の説明では出てきませんでしたが，上の歯を下唇に近付けて出す摩擦音です。歯を使わずに両唇を近付けて発音し両唇摩擦音 [ɸ]（「ファ」の子音）になってしまわないよう注意しましょう。

　歯摩擦音の [θ, ð] も普通日本語では使わない音で，舌の先を上の歯の裏に付けるか，上と下の歯の間から舌の先を出すようにして発音されます。日本語話者は [s, z] で置き換えて発音してしまうことが多いと思いますが，他の言語の話者は [f, v] で発音してしまうことも多い音で，three と free はよく似た発音になります。舌を噛んで発音するようにいわれることがありますが，それは発音練習で

舌の先をしっかり歯に付け，［f, s］のような音にならないようにするための話で，実際に噛んで発音するわけではありません。

　この表にはIPAのチャートで表外に書かれている［w］も入れています。両唇と軟口蓋の両方を同時に近付けて出す音なので，2箇所に入っています。日本語では唇を円めずに近付けるだけのことが多いのに対し英語では円めるので，日本語の［w］で英語を発音すると違和感のある音になります。軟口蓋も接近する音とされていることに驚く人もいるかもしれませんが，母音の三角形で「ウ」を基に説明したことを思い出せば，舌の奥のほうが上に上がっていることも納得できると思います。口を大きく開け唇が近付かないようにしながら，「ワワワ」と発音しようとすると，「ワ」にはならないけれども，「ア」と違う音が出て，舌の奥のほうがせり上がっていることが感じられます。

　日本語の「シャ，ジャ，チャ」の子音の話で出てきた［ɕ, ʑ］は歯茎硬口蓋摩擦音（alveolo-palatal fricative）ですが，これもIPAのチャートでは表の外に書かれており，p. 44の表には入れていません。

　［r］はふるえ音を表す記号で，ふるえ音は「巻き舌」と呼ばれることもあります。うがいするときに口蓋垂を震わせますが，そのときに出される音は［ʀ］という記号で表される口蓋垂ふるえ音になります。震えを舌の先で出すのが［r］ですが，英語のredのrはこの音ではなく，［ɹ］で表される接近音です。［r］で発音する方言もありますが，同一方言内で［r］と［ɹ］を区別するものはないので，接近音で発音する場合も［r］の記号が用いられることが多く，英和辞典，英英辞典でも［r］が使われています。

　五十音図で母音について見たときは母音の三角形を用いましたが，世界の言語の母音を表すにはこれでは不十分なので，下の右のように台形に配置した図を用います。

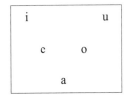 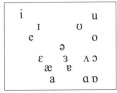

　日本語のアに近いのは [ɐ] です。前寄りのアは [a] で，後ろ寄りのアは [ɑ] で表されます。[ɑ] を唇を円めて発音すると [ɒ] になります。最近の辞書にはイギリス英語の hot の母音に（次に説明する）[ɔ] ではなく [ɒ] を用いるものもあります。

「エ」には舌の位置が高く口の開きの狭い [e] と広い [ɛ] があり，「オ」も狭いほうが [o]，広いほうが [ɔ] です。a と e を組み合わせた記号の [æ] は [a] と [ɛ] の中間の音を表します。æ は発音記号ではなく普通の文字としても使われますが（e.g. encyclopædia, Æsop），ash /æʃ/「アッシュ」という名前が付いています。円唇母音の [ɔ] に対応する非円唇母音が [ʌ] ですが，辞書では cut の母音にこの記号が使われることが多く，その場合は [ɐ] に近い音を表しています。hat-hut-hot の母音 [æ, ʌ, ɑ] の違いについては，[æ] と [ɑ] を明確に別の母音として発音できれば [ʌ] は日本語の「ア」で発音しても問題は生じないでしょう。

[ɪ, ʊ] は [i, u] よりも舌の位置が中寄りの母音で，英語の辞書では sit, pull などの母音の表記に用いられますが，[i, u] で表される seat, pool の緊張した母音よりも弛緩した感じの音になります。sit-seat, pull-pool の母音の違いは，長さではなく音質の違いが重要です。

[ə] は前舌でも後舌でもない中舌中央母音で，この音や記号は schwa /ʃwɑ́ː/「シュワー」と呼ばれます。「曖昧母音」ともいいます。英語では強勢のない音節に現れ，弱母音となるのが普通ですが，この記号自体が弱母音を表すわけではなく，英語でも bird /bə́ːrd/ のように強勢のある母音に用いられたり，cut の発音が /kʌt/ ではなく /kə́t/ と表記されることもあります。[ɜ] は [ə] よりも舌の位置が下の母音ですが，bird の母音に対し [ə] ではなくこちらを用いて /bɜ́ːrd/ と表記する辞書もあります。英語では母音が弱化すると [ə] に近い音になり，かなり広い範囲の音をこの記号でカバーしています。

母音の図の記号は，特定の言語の音を表したものではなく，機械的に定められたものです。個々の言語の母音はこれらのうち近い音の記号を用いて記述することになります。実際の発音は [e] よりも [ɛ] のほうに近くても，問題の言語で [e] と [ɛ] を区別する必要がなければ，ラテン文字にもある [e] のほうを用いることもよくあります。a, ɐ, ɑ はどれも一種の「ア」を表す記号ですが，区別の必要がなければ a を用いるので十分です。IPA の母音の記号はしっかりと定義された音を表すものですが，IPA を用いて各言語の母音を記述する際には，各記号はそれぞれある範囲の音を表すことになり，どんな音を表しているかは実際の音を聞かなければわかりません。

　以上，この章では，音声器官を使ってどう音を作り出しているか，音はどういう基準で分類されるかについて見てきました。五十音図が発音に基づく仮名の表であることも見ました。日本語の長音，促音，撥音，拗音がどういう音かについても確認しました。英語を学ぶ際によく用いられる，母音・子音，有声音・無声音などの用語が何を表しているのか，確認できたでしょうか。

日本人はよく l と r の区別が付かないといわれますが, どういう音を用いるかだけでなく, 用いる音のどれを同じ音, 違う音として扱うかも言語によって変わります。

英語の peach, speech, deep の p にはよく注意して聞けば区別できる違いがあります。peach の p は強い息 (「気音」という) が付く音 [pʰ] で, speech の p にはそのような強い気音は付きません。意外かもしれませんが, speech の発音を録音し s の部分を消して peech の部分だけを再生すると, peach ではなく beach のように聞こえます。deep の p は軽く破裂させるか, 止めただけで破裂させずに発音されます。止めるだけで破裂させない発音は発音記号では [p̚] で表します。

このように, 単語の綴りで p で表されるだけでなく, 辞書の発音表記でも同じ [p] で表される音も実際には異なる音で発音されていますが, 英語の話者は「同じ音」だと思っています。気音 [ʰ] が付くか付かないかで別の音になるわけがない。そう思った人もいるかもしれませんが, 韓国語では気音の有無で [pal] (발「足」) と [pʰal] (팔「腕」) のように別の語になります。古典ギリシャ語でも,

気音の有無で区別され，π [p] と φ [pʰ] のように別の文字が用いられました。なお，ギリシャ語をラテン語に取り入れローマ字で表記する際には π [p] は p，φ [pʰ] は ph と書きましたが，英語でも phone, physics のようにギリシャ語由来の語で ph の綴りが使われ，p と ph の違いは [p] と [f] で発音し分けられています。τ [t] と θ [tʰ] の違いも同様に，t [t] と th [θ] で区別されますが（e.g. technology, theme），κ [k] と χ [kʰ] はどちらも同じ発音 c[k], ch[k] になってしまい，発音上の区別はありません。[k] と発音される school, Christmas, chaos, chameleon などの ch はこのギリシャ語の χ に由来します。

　元の話に戻って，peach, speech, deep の p が表す音は英語では同じ「音」。この「音」のことを「音素」(phoneme) と呼びます。音素は，ある言語で語と語を区別する機能（意味の違いを生じさせる働き）を持つ音の最小単位です。同じ音素に属する個々の音は「異音」(allophone) と呼ばれます。音素は問題の言語で同じ「音」として扱われる音のグループなので，そのグループに属する個々の音は発音できても，音素そのものを直接発音することはできません。

　音声表記には [ ]，音素表記には / / を用います。

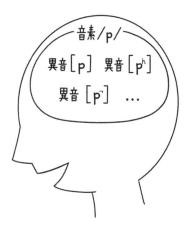

音素 /p/
異音 [p]　異音 [pʰ]
異音 [p˺]　…

音素 /p/　異音 [p, pʰ, p̚]

私が中学生の頃は辞書では発音は音声表記を表す [ ] で括って表されていましたが，現在では音素表記を表す / / で括って表すのが普通です（前の章でも文字の名称などの発音を示したときに用いました）。音声レベルを扱うことが多い第一部では [ ] で括って示すのを基本としていますが，第5章から始まる第二部では発音は主に / / で括って示します。

3.2 有気音と無気音：
英語の pen と日本語の「ペン」の語頭の音の違い

　ティッシュペーパーを指でつまんで唇の前に持っていき英語の pen を発音すると紙が勢いよく動き，p を発音するときに息が勢いよく出ていることが確認できます。一方，日本語の「ペン」ではあまり強い息は出ず，そこまで大きくは動きません。周りに人がいなければ実際にやってみてください。語頭の音はどちらも [p] で表される無声両唇破裂音ですが，違いがあることがわかります。英語の pen でも紙が動かないという人は，ちょっと意識的に唇のあたりで息を溜めて紙に向かってパッと息を吹きかけるようなつもりで発音してみるといいでしょう。この強い息（気音）が付く発音は精密に表記すると [pʰ] となり，気音の付かない [p] とは異なるので，注意して聞けば聞き分けられます。英語でも spot や top の p では pen のような強い気音は付かないのが普通です。

　日本語の「バス」(basu) と「パス」(pasu) の違いは
[b] と [p] の違い。[b] と [p] はどちらも両唇破裂音で
違いは有声か無声か。囁き声で話すとすべて無声音になり
ますが，囁き声で「バス，パス」と言ってみても区別が付
くことから，[b] と [p] に有声無声以外の違いがあるこ
とがわかります。[b] のほうが軟らかく少しゆっくりと破
裂が始まるのに対し，[p] のほうは鋭く一気に解放される
硬い感じの音にならないでしょうか。

　あまり強い息の付かない日本語の発音でも区別が付くの
で，この位置では強い息の付く英語の発音なら pen と Ben
の違いも明瞭です。

　英語の lived [lɪv̲d] と lift [lɪf̲t] の違いは [vd] と [ft]
の部分。やはり有声音と無声音の違いです。しかし，後ろ
に有声音が続かない場合（言い換えると，何も来ないか
lived freely のように無声音が続く場合）の lived の [vd] を
注意して観察すると，声帯は震えず無声化されて発音され
ていることもあります。（無声化は [v̥d̥] のように [̥] を付
けて表します。）bridged の dged [dʒd] なども無声化します。
それでは語末が無声化した lived と lift は発音が同じにな
るかというと，こちらも囁き声で発音しても区別できる違
いがあります。同じ無声音でも [ft] は鋭い感じの音で，
[v̥d̥] のほうは軟らかい感じで，区別が付きます。

　lived の母音のほうが lift の母音より長く発音されると
いう違いもあり，それも音の区別に役立っています。sat
と sad の語末の破裂音を止めるだけで破裂させないと

[sæt˙] と [sæd˙] になり，語末子音の有声無声の違いだけで区別することが難しくなりますが，実際には母音の長さなど他の違いもあり，発音は同じになりません。writer と rider の t と d はどちらもアメリカ英語ではラ行の子音のような音（発音記号では [ɾ]）で発音されますが，通常，発音記号では同じ [aɪ] で表される母音の違いで区別が付きます。（母音の長さの違いについては第4章で詳しく説明します。）

[v] と [f]，[t] と [d] は有声か無声かだけの違いであるかのように扱われるのが普通ですが，今見たように，それ以外の点でも違いがあり，実は「有声音」が無声音で発音されていたり，「無声音」が有声音で発音されていることもあり，有声・無声の違いとは別のところで区別されていることもあります。

「タイガース」は間違いで「タイガーズ」が正しい。そういわれることがありますが，注意が必要です。確かに英語の Tigers の s は有声音の [z] ですが，後ろに無声音が続いたり，何も続かない場合には無声化することもよくあります。日本語の [s] は英語ほど鋭い音ではないので，無声化した英語の [z̥] は日本語の（母音が無声化あるいは脱落した）「ス」に似た音に聞こえるところもあります。[z] を強調して発音すると破擦音 [dz]（＋母音 [u]）になってしまう人もいます。既に見たとおり，日本語では有声音の摩擦音 [z] と破擦音 [dz] を区別しないので，発音し間違えても気付きにくいところがあります。正しく発音しようと [z] のところを強調して発音し，その結果破擦音となり，かえって英語の発音から乖離してしまうようなことにならないよう気を付けましょう。

3.4 精密表記と簡略表記：
　　 辞書によって発音表記が異なるのはなぜか

　発音記号を使うと通常のローマ字表記に比べはるかに細かく音を区別して記述することができます。そのために作られたものなので当たり前の話ではありますが。

　細かい違いも含めて表記したものを「精密表記」，簡略化した表記を「簡略表記」と呼びますが，何を表記し分けるか，どこまで細かく表記するかには，3.1で見た音素も関わります。「同じ音」でも実際には違うことがあることはすでに見てきましたが，その言語の話者であれば明示的に示さなくてもわかることであっても学習者にはわからないことも多く，音素表記としては不要であっても有用な情報として音声表記レベルの情報が書き込まれることもあります。「北」の最初の音節の母音が無声化した [ki̥ta] や脱落した [kⁱta] の発音はよく耳にしますが（<　 >は無声音化を，[kⁱ] の <ⁱ> は [k] が [i] の前で発音されるときの発音になっていることを示す），これはそう発音する話者であれば問題の環境では自然とそういう発音になるので，辞書に書かれていなくても母語話者であれば困りません。無声化したり脱落したりしなくても問題はなく，辞書に情報が書かれていなくても困りませんが，必要であればこのような情報も辞書の発音表記に書き込むことになります。

　英語としては同じ発音でも，利用する学習者の母語によって注意すべき点，明示的に情報を示したほうがよい点も異なるので，辞書によって発音表記も違うものになることもあります。英和辞典の発音表記は，日本語話者が間違い

やすいところ, 注意すべき点に配慮したものになっている
のが普通です。次は easy の発音表記の例です。ea と y の
部分の発音に対する記号が辞書によって同じだったり異な
ったりすることがわかります (<'> は強勢を表す記号)。

easy　英和　íːzi
　　　英英　ˈiːzi　ˈizi　ˈi zi　**ee**-zee　ˈēzē

英語の辞典なのだから「本場」の英語圏の辞書が正しいと
考えてしまう人もいるようですが, 英英辞典の表記と違っ
ていても, 英英辞典の表記が正しく, 英和辞典が間違って
いるとなるわけではありません。

「カ」[ka] と「キ」[ki] の [k] は同じか違うか。それぞ
れ子音部分だけを発音して比べてみると違いがあることが
わかります。子音だけ取り出して発音することが難しけれ
ば, 囁き声で「カ・キ」と言って比べてみるといいでしょ
う。違いがあるので区別して発音表記することもできます
が, [i, a] の前では自動的にそういう発音になるので, 書
かなくてもわかります。

　keep [kiːp], car [kɑɚ], quick [kwɪk] の [k] の発音も,
注意して観察すると違いがあることがわかります。違いは
後続する音の違いによるもので, 英語ではどれも同じ [k]
の音です。英語では自動的にそういう発音になるので表記
し分けられません。大人になって英語に再挑戦, まずはフ
ォニックスから, と文字と発音に注意して学び直そうとし
て, 音の違いが文字 c, k, q の違いによるものかと考えて
しまう人もいますが, 発音記号では [k] で表される「同
じ」音です。

連続的な音の違いや変化を，非連続的な記号とその連続で表すので，実際とは少しずれるがそう表記するしかないとなることもあります。「赤，青，緑」などの言葉で色を表す場合，大体の色はわかりますが，その言葉で指している色が実際にどんな色かはわかりません。青と緑の中間の色でも，「青と緑の中間の色」のような表現を使うのでなければ，「青」か「緑」のどちらかで表すしかありません。ある人が「青」と言っている色が別の人が「緑」と言っている色と同じこともありえます。発音記号も同じで，大体の発音を示していても，実際の発音はそれが表す音を聞かないとわかりません。[i] と [e] の中間の音でも [i] か [e] で表すことになります。

　日本語のエに近い音を表す記号に [e] と [ɛ] がありますが，舌の位置が高く開きが狭いほうが [e] で，広いほうが [ɛ] です。実際の発音が [ɛ] にあたる音でも，問題の言語でそれとは別に [e] の音がなく，区別する必要がなければ，[e] で表しても問題ありません。そういう場合，どちらを使うかは考え方次第となります。

　fiery の発音は，[fáɪri] で表しうる発音から [fáɪəri] で表しうる範囲まで，[ə] で表される音がない発音から，はっきりと聞き取れる発音までいろいろありますが，切れ目なく連続的でありうる [ə] の発音の程度の違いを不連続な記号でそのまま表すことは不可能です。しかし，発音記号で表すにはどちらかに決めなければなりません。[fáɪ(ə)ri] のように表記する方法もありますが，それでも [ə] があるかないかの 2 つの可能性しか示すことはできず，単純化した表記にならざるをえません。同じ発音を表して

いても，使う記号，表し方の違いで辞書の表記も変わって
くることになります。

同じ地域の英語でも時が経つと変わっていきます。昔の
発音では適当だった表記も，発音が大きく変わると表記と
発音の間にずれが生じます。ある辞書は新しい発音を昔の
ままの表記で表し，別の辞書は新しい発音に合わせて表記
を変える。その結果，表している発音は同じなのに異なる
表記になってしまうこともあります。

次は同じ語の発音表記の例ですが，表記が違っても異な
る発音を示しているとは限りません。

bay	bed	bear	bow	boy	bore
[bei]	[bed]	[beər]	[bou]	[boi]	[bɔːr]
[beɪ]	[bɛd]	[bɛər]	[boʊ]	[bɔɪ]	[bɔːr]
		[bɛɚ]	[bəʊ]		[bɔɚ]
		[bɛɪ]			[bɔɪ]

1つの辞書で異なる表記になっている場合は発音の違いを
表している可能性が高いでしょうが，辞書間での違いは表
記法の違いで発音の違いを表してはいないことも多いでし
ょう。それぞれの記号がどういう発音を表しているのかは，
各辞書の説明で確認する必要があります。

第4章 英語の音節

　ここまでの章では，英文法を学ぶときにも出てくる有声音・無声音や母音・子音がどんなものか確認しました。他に文法の説明に出てくる発音に関わるものとして音節があります。比較級・最上級の作り方では，bigger, biggest のような -er, -est タイプと more beautiful, most beautiful のような more, most タイプの区別で音節の数も問題になったりします。第二部で見るように接尾辞 -ing, -ed, -er などを付けたときの語の綴りの話でも音節が関わってきます。もちろん，文法，綴りだけでなく，音節は英語の発音においても重要な働きを果たします。この章ではこの音節について考えることにしましょう。

4.1 音節とは：リズムを作る音のまとまり

　第2章で母音と子音の違いについて見ましたが，母音と子音はどんなふうに使われているか見てみましょう。

　次の1は名前を漢字で表記したもので，2はローマ字で発音を示したものです。2から母音字だけ，子音字だけを残したのが3と4です。

1.	田中	坂田	鈴木	榊原
2.	tanaka	sakata	suzuki	sakakibara
3.	a a a	a a a	u u i	a a i a a
4.	t n k	s k t	s z k	s k k b r

3のように母音字だけ残して読んでみても対応する名前は
わかりませんが，4のように子音字だけなら元の名前の候
補が挙げやすくなります。日本語では母音は5つ。子音は
それよりも多く，子音の組み合わせのほうが語の識別が容
易になります。

　英語の略語では主に子音字が残されますが，これは子音
字を残したほうが元の語が推測しやすくなるためです。

1.	building	Limited	JAPAN	bedroom	text
2.	uii, ii	iie	AA	eoo	e
3.	bldg	Ltd.	JPN	bdrm.	txt

子音字の数は母音字よりも多く，子音字のほうが単語を区
別しやすくなります。

　世界で使われている文字の中には子音だけ表記する体系
はありますが，母音だけを表記する文字体系は少なくとも
一般には知られておらず，実際に母音だけ書き記しても元
の語は再現できず文字としての用を成さないので，ないと
考えてよさそうです。

　発音自体を見ても，それを写した文字による表記を見て
も，子音のほうが語を区別する力が強そうです。区別する，
識別することを「弁別する」といいますが，母音よりも子
音のほうが語の弁別力が強い，弁別性が高いといえそうで

す。
　母音と子音の特徴をまとめるとこうなります。

	妨げ（狭め）	響き・伝達性	弁別性
母音	なし	高い	低い
子音	あり	低い	高い

肺から送り出された空気が声門を通過する際に声帯の振動
で声が作られますが，気流が途中で妨げられずに（狭められずに）発せられる母音はよく響き，遠くまで届きます。
これは母音を使う大きなメリットです。子音（の連続）は語を区別する力（弁別する機能）が高いですが，母音ほどは響きません。特に声帯を振動させない無声音は響きません。
[aː] と発音すれば遠くの人まで簡単に声を届けることができますが，[sː] では遠くまで届きません。異なる性質を持つ母音と子音の一方だけでなく両者を組み合わせて使うと，いいとこ取りができます。何も音がなければ単に音がないだけですが，騒がしいところで突然音が聞こえなくなれば，その部分が目立ちます。響きの小さい子音も響きの大きな母音と使えば，対比により目立つようになります。
　言語によって母音，子音の数は違いますが，母音と子音を組み合わせると，バリエーションも豊かになり，第1章で見た記号の形式（シニフィアン）としていろいろな要素が使えることになります。

　さて，響き（聞こえ度）の大きな母音に響きの小さな子音を混ぜて使うと，子音のところで響きが小さくなったり途切れたりする節目ができます。次に示したのは「英語の

発音と綴りの世界」という句を読み上げたときの音声を解析した図です（宇都木昭氏提供の図に発音記号と平仮名などを添えたもの）。響きが母音（Vの箇所）で大きく，子音（Cの箇所）で小さくなっていることが見て取れます。このように音の響き，聞こえ度の大きさの違う音が並ぶと，音の節，「音節」（syllable, シラブル）ができることになります。

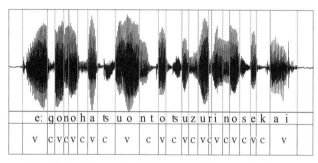

e:	g	o	n	o	h	a	ts	u	o	n	t	o	ts	u	z	u	r	i	n	o	s	e	k	a	i
V	C	V	C	V	C	V	C	V	V	C	C	V	C	V	C	V	C	V	C	V	C	V	C	V	V

えーごの　は　つおんと　つづりの　せ　かい
英語の発音と綴りの世界

▷V母音，C子音（母音連続・子音連続はそれぞれまとめてV, Cとしている）

　子音は母音に比べれば聞こえ度は小さいですが，子音間でも違いがあります。たとえば [n] と [t] を比べると [n] のほうが聞こえ度は大きくなります。英語の [mɪnt]（mint）なら母音 [ɪ] を頂点とした山が1つできますが，順序を変えた [mɪtn]（mitten）では [t] を発音するときに一度止めるのでそこで一度音が途切れ，さらにその後の [n] の聞こえ度が大きいため，2つ目の山ができます。

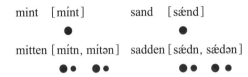

この場合は子音 [n] が音節の核になりますが，英語では他にも [m, l] が音節の核になることがあり，「音節主音的子音」と呼ばれます。（下に示したのは [ə] が入らずに子音が音節の核になる場合の発音。）

prism   little   person
[prízm   lítl   pə́:sn]
● ●   ● ●   ● ●

　なお，発音するときの口の開きと響きの大きさの間には，ある程度の対応はありますが，一致はしません。person [pə́:sn] の [s] と [n] では，摩擦音を作り出すために必要な隙間がある [s] よりも，完全に舌の先を歯茎に付けて発音される鼻音の [n] のほうが口の開きは狭いわけですが，響きは [n] のほうが大きくなります。prism [prízm] では，第 2 音節の核になる [m] のところで完全に口が閉じられます。

　通常は，母音が音節の核になり，母音が発せられるときに口が開くことから，子供に音節について教えるときに口が開く（顎が下がる）回数で音節数を数えさせる方法が用いられることがありますが，音節数と顎が下がる回数が一致するわけではありません。たとえば person [pə́:sn] であれば，[ə́:] のところでしか顎は下がりません。（まった

65

く顎を下げずに発音することも可能ですが，それはまた別の話です。）もちろん，[pə́ːsən] のように母音を入れた発音も可能なので，[ə] のところで口を開くこともできますが，自然な発音では第2音節では顎は下がらないことが多いでしょう。したがって顎の下がり方で自動的に音節数がわかるわけではありません。そういうことを踏まえた上で利用することは可能ですが，学習者が「あれ，説明と違うぞ」と思ったときには適切な説明ができる必要はあるでしょう。

響きの大きさの違う母音と子音を用いることで音の節ができ，音節ができることを見ましたが，子音が挟まらないと音節ができないわけではありません。また，音の響き（聞こえ度）だけですべての音節を説明することはできません。たとえば，次の図（松浦年男氏提供）は「あの青い絵はいい」[anoaoiewaii] という句の各音の聞こえ度を折れ線グラフで示したものですが，聞こえ度の谷と音節の境が一致しないところがあることがわかります。

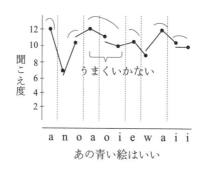

4.2 母音連続の回避と二重母音

　母音と子音が並ぶと子音のところで響きの谷ができ，音節の切れ目ができますが，母音間でも音節の切れ目はできます。日本語では「青い覆いをいい家へ」[aoiooioiiiee] のように母音が連続することができます。何を当たり前のことを，と思う人もいるかもしれませんが，母音の連続が避けられる言語もあります。母音接続を表す hiatus /haɪéɪtəs/ という言葉もあり，特別な扱いがされることがあります。

　母音は妨げなく発せられる音であるため，妨げのある子音という仕切りが母音間にないと境界が不明瞭になり 1 つに融合することもあります。たとえば，英語の power [páʊɚ] が [páɚ] となることもあります。滑らかに繋げつつ，独立した音節としようとすると，明確な子音にならない程度の仕切り（半母音）が生じたりして，[páʊwɚ] のように半母音を挟んで発音されることもよくあります。日本語でも「家を」[ieo] が [ijewo] に，「値上げ」[neage] が [nejage]，「底上げ」[sokoage] が [sokowage] になったりします。

　フランス語では，代名詞 ce [sə]＋動詞 est [ɛ] が c'est [sɛ]，定冠詞 le [lə]＋名詞 or [ɔr] が l'or [lɔr] となったりしますが，英語の場合，定冠詞 the [ðə]＋名詞 end [end] は th'end [ðend] にはならず，the end [ðiend] になります。母音の連続 [əe] が融合しないように，[i] という鋭い母音が使われます。方言によってはこの場合の the の母音は [ɪj] で [ðɪjend] となっているとする分析もあります。[j] が入ることで母音の連続が阻止されますが，絶

対にこう発音しなければならないというわけではなく，[ðəend] と発音する話者もいます。また，the end [ðəʔend] と発音する話者もいます。[ʔ] は喉のところにある声門で作る閉鎖音で，音としては子音ですが，英語でも日本語でも独立した音素でないため，実際に発音していても発音していることを認識していないかもしれません。英語の不定冠詞 a [ə] も母音の前では [ən] と発音され，母音の連続が避けられています（an end [ənénd]）。

<コラム> 冠詞 the, a/an と karaoke の発音

　定冠詞 the は母音の前では「ジ」/ði/ で，それ以外では「ザ」/ðə/。そう習った人が多いと思いますが，実際はどうでしょうか。『ロングマン発音辞典』によると，外国語として英語を学習する場合は母音の前では /ði/，それ以外では /ðə/ を使ったほうがいいが，母語話者は母音の前で /ðə/ を使うこともあるとのこと。実際，the east /ðəíːst/ のような発音も聞かれます。母語話者にも /iiː/ の音連続よりも /əíː/ のほうが発音しやすいことはありそうです。

　不定冠詞 a, an の語源は元々数詞の one と同じ ān「アーン」という言葉でした。軽く発音される場合が短く an「アン」となり不定冠詞として独立しました。an apple, an book と言っていたわけですが，その後，母音の前以外で n が脱落し，an apple, a book と言うようになりました。数詞の ān はその後の音変化で現在の発音になりました。

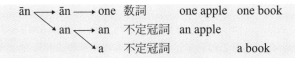

冠詞の後には母音よりも子音が続くほうが多いため現在の英語では母音が続くときに特別に n を挿入するように見えますが，歴史的には逆で，母音の連続が生じずに済む場合に n が落ちたわけです。

　カラオケは英語に入って karaoke になっていますが，発音は /kærióʊki/。2 つ目の a の発音が，sofa /sóʊfə/ の a のように /ə/ ではなく，/i/ になっています。定冠詞の発音と同様に，これも母音の前なので /ə/ よりも /i/ のほうが発音しやすいから，と考えることができます。

　イギリス英語では fear の発音は母音が続かないと [fíə] になりますが，母音で始まる of が続いて fear of となると [fíərəv] と [r] が現れます。この r は "linking r"（連結の r）と呼ばれますが，linking r により母音の連続が避けられます。idea [aɪdíə] には綴りにも発音にも r [r] はありませんが，idea of のように母音で始まる語が続くときに [aɪdíərəv] と [r] が挿入されることがあります。これは "intrusive r"（割り込みの r，嵌入（かんにゅう）の r）と呼ばれます。linking r も intrusive r も，接近音の [r] が挟まることで母音の連続が避けられています。このように，範囲を広げてみると，接近音 [j, r, w] を挟むことで母音の連続が避けられているケースが観察されます。

英語の I [aɪ], say [seɪ], boy [bɔɪ], now [naʊ], low [loʊ] などに見られる母音も，一見，母音の連続のように見えます。しかし，これらは母音の連続ではなく，1つの母音です。日本語の「あい」は「あ」と「い」の連続で，2音節ですが，英語の I [aɪ] は2音節ではなく1音節です。日本語の「あい」も早い発音では1音節となることもありますが，ゆっくりした発音では2音節になり，1音節のまま長く発音されはしません。しかし，英語の場合，I [aɪ] はゆっくり伸ばして発音しても [aːɪːː] ではなく，切れ目なく [aɪ] 全体が長くなります。[aɪ] は [a] から [ɪ] の方向に向かう音で，「**二重母音**」と呼ばれます。必ずしも [ɪ] に到達するわけではなく，[e] あたりまでしか至らないこともあります。

4.3 言語による音節の違い

　響きの大きい母音を中心に音節ができますが，音節の種類，数は言語によって異なります。日本語と英語では大きな違いがあり，日本語話者は英語の発音に苦労することに

70

なります。

　まず，使われる母音，子音の数が違います。たとえば英語では [æ, ʌ, ɑ] は別の母音ですが，日本語には区別のない音です。そのため hat, hut, hot を近い音で表すとすべて [hat:o] となってしまい，区別できなくなってしまいます。

hat　[hæt]　⎫
hut　[hʌt]　⎬　ハット [hat:o]
hot　[hɑt]　⎭

　音節を構成する要素の数だけでなく，構造にも違いがあります。英語では母音の前後に複数の子音を添えることができますが，日本語では前に1つだけで，（鼻音を除くと）後ろには付けることができません。英語では1つの母音 [e] の前に子音を3つ，後ろに4つ付けた [streŋkθs] のような発音も可能ですが，日本語では母音の後ろに子音は付けられず，前にも子音は1つしか付けられないため，英語の発音を日本語の音で写そうとすれば，子音ごとに母音を加える必要が出てきます。

strengths　　　　　　[streŋkθs]　　　　母音が1つ
ストレンクスス　　[sutoreŋkususu]　　母音が6つ

　母音で終わる音節（e.g. sea [siː], a [ə]）を「**開音節**」，子音で終わる音節（e.g. seat [siːt], an [ən]）を「**閉音節**」といいます。英語の音節には開音節も閉音節もありますが，日本語と違って英語では開音節には生じられない母音があり，「抑止母音」（checked vowels）と呼ばれます。たとえば日本

sea   a   開音節
[siː]   [ə]

seat   an   閉音節
[siːt]   [ən]

語では「レ」[re] は何の苦もなく発音できる音節ですが，英語では抑止母音である [e] は開音節に現れることができません。

```
            do   re   mi
日本語    [ do   re   mi ]
英語     ×[ dɑ   re   mɪ ]  ○[ doʊ   reɪ   miː ]
```

re [re] と発音できないので，[reɪ] または [riː] と発音することになります。電子メールの件名で目にする re は「〜について」を表すラテン語由来の前置詞ですが，これも英語では [re] と読めないため，[riː, reɪ] と読まれることになります。

4.4 アクセントの違い：高低アクセントと強勢アクセント

音節が並ぶと，すべての音節が同じように発音されるのではなく，一部が他よりも際立つように発音され，「アクセント」を持つことになります。このアクセントが，また，日本語と英語で大きく異なります。（次の récord, recórd の

72

<'> は強弱アクセントで強勢のある位置を表す。)

アクセントの種類

日本語　高低　ピッチ　　あ↘め(雨)　　あ↗め(飴)
英語　　強弱　ストレス　**récord** 名詞　**recórd** 動詞

日本語は音程の上げ下げによる高低アクセントで(高さアクセント，ピッチ)，英語は強弱による強弱アクセント(強さアクセント，強勢，ストレス)です。このあと詳しく見るように，このアクセントの違いは音節の長さにも関係してきます。

4.5 英語の母音の長さ

　第 2 章「日本語の発音，音の分類」の長音の説明で，「英語では母音の長さで単語を区別しない」と書きましたが，これを読んで驚いた人もいるかもしれません。hill/heel(ヒル／ヒール)，live/leave(リブ／リーブ)などでは短母音と長母音の違いで単語を区別しているように見えるし，片仮名書きの日本語ではなく辞書の発音表記を見ても[hil, hi:l]，[liv, li:v]あるいは[hɪl, hi:l]，[lɪv, li:v]となっていて，それぞれの組の後者に <:> が付いて長母音であることが示されています。やっぱり母音の長さで単語が区別されているのではないかと思うかもしれません。しかし，これらの母音の違いを長さの違いと捉えてしまうと英語の母音の発音の特徴を正しく捉えられません。辞書の中には，live, leave などの母音の違いは音質の違いで音の長さではないと考え，<:> は使用しないものもあります。

たとえば，*Oxford Advanced American Dictionary* の母音表記は次のようになっています。

i	see	/si/	eɪ	say	/seɪ/
ɪ	sit	/sɪt/	aɪ	five	/faɪv/
ɛ	ten	/tɛn/	ɔɪ	boy	/bɔɪ/
æ	cat	/kæt/	aʊ	now	/naʊ/
ɑ	hot	/hɑt/	oʊ	go	/goʊ/
ɔ	saw	/sɔ/	ər	bird	/bərd/
ʊ	put	/pʊt/	ɪr	near	/nɪr/
u	too	/tu/	ɛr	hair	/hɛr/
ʌ	cup	/kʌp/	ɑr	car	/kɑr/
ə	about	/əˈbaʊt/	ɔr	north	/nɔrθ/
			ʊr	tour	/tʊr/

※http://www.oxfordlearnersdictionaries.com/about/
pronunciation_american_english

この辞書では live, leave の発音表記は [lɪv], [liv] となり，母音の違いは <ː> は用いずに <ɪ> と <i> の違いで表すことになります。

　確かに発音記号の <ː> は長音符ですが，日本語の表記と英語の表記で同じものを表すと思うと誤解が生じるので注意が必要です。

　日本語では，どの母音でも短母音「あ，い，う，え，お」と長母音「あー，いー，うー，えー，おー」があり，短母音間，長母音間で長さが変わるわけではありません。ところが，英語では母音によって長さが違います。次の表は母音による長さの違いを示したものです。方言差，個人差などもあり，実際にはいろいろな長さになるので，これは一例です。

			A	B
heed	[hi:d]	i:	261	209
hid	[hɪd]	ɪ	212	157
who'd	[hu:d]	u:	267	226
hood	[hʊd]	ʊ	234	149
had	[hæd]	æ	271	217
head	[hed]	e	223	164

A, B はそれぞれ次の文
献で示されている数値
（単位：1000分の1秒）

A. Liu et al. (2014)
B. Yang & Fox (2014)

had [hæd] の母音 [æ] の長さは長母音といわれる [i:, u:]
と同じぐらいか，それより長いこともあることがわかりま
す。[i:] と [ɪ]，[u:] と [ʊ] を比べれば長音符が付いた
前者のほうが長いが，[i:, u:] と [æ] を比べると長音符の
ない後者のほうが長い，ということも起きます。アメリカ
英語では [æ] はかなり長く発音されることもあり，最近
の辞書では [æ:] や [æ(:)] のように表記するものもあり
ます。

　英語では同じ環境でも母音によって長さが違うことを見
ましたが，逆に，同じ母音でも現れる環境で長さが変わり
ます。まず，開音節と閉音節では開音節のほうが長くなり
ます。boy は開音節で boil は閉音節ですが，母音 [ɔɪ] は
boy のほうが長めに発音されます。

開音節	boy	[bɔɪ]	eye	[aɪ]	fear	[fɪɚ]	長い
閉音節	boil/boy'll	[bɔɪl]	eyes	[aɪz]	fears	[fɪɚz]	
			ice	[aɪs]	fierce	[fɪɚs]	短い

元々 boy の母音が boil の母音よりも長いわけではなく，

boy に will の縮約形 'll が付いて boy'll になれば閉音節にな
るので，短くなります。二重母音の [ɔɪ] では [ɔ] のほう
が強く目立つこともあり，開音節の boy では「ボーイ」と，
「オ」の音の後に音引き <ー> を付けて書きたくなります
が，「ボイル」の boil と母音が異なるわけではありません。

さらに，同じ閉音節でも無声子音の前のほうが短くなり
ます。eyes [aɪz] よりも ice [aɪs] のほうが，fears [fɪəz]
よりも fierce [fɪəs] のほうが母音は短くなります。次の
グラフは音声学者の Lindsey によるものですが，無声音
[f] の前の leaf の母音は leave の55% の長さになっていま
す。save と safe, his と hiss, serve と surf でも有声音の [z,
v] よりも無声音の [s, f] の前のほうが短くなっています。

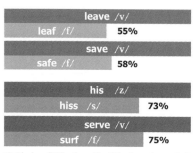

leave /v/	
leaf /f/	55%

save /v/	
safe /f/	58%

his /z/	
hiss /s/	73%

serve /v/	
surf /f/	75%

※ Lindsey "Why these English phonetic symbols are all WRONG" より
　[https://www.youtube.com/watch?v=gtnlGH055TA]

次の図も同じ動画からですが，母音は無声音の前では短く
なるため，図の下部に示されているように，leaf の「長母
音」[i:] と live の「短母音」[ɪ] を比べると前者のほうが
短く発音されるということも起きます。

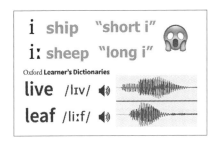

　このように英語の発音表記に用いられる長音符 <:> を日本語の発音表記における長音符や仮名表記の音引き <ー> と同じようなものと捉えていると誤解が生じるので注意が必要です。

　英語では長さ（だけ）で母音を区別しないため，英語話者には次の日本語の語の組を発音し分けるのが難しいことになります。

小野／大野　主人／囚人　来る／クール／クルー
首都／州都　好き／数奇／数奇／スキー

4.6 強勢の有無と強勢拍リズムと母音の長さ

　英語では，母音によって長さが異なり，同じ母音も現れる環境によって長さが異なることを見ましたが，さらに，母音とそれを核とする音節の長さは，強勢の有無で大きく変わります。

　object は 2 音節からなり，品詞によって強勢の位置が変わります。名詞では第 1 音節に強勢があり母音は [ɑ]，動詞ではそこに強勢はなく [ə] と母音の種類が変わるだけ

でなく，強勢の有無で音節の長さも変わります。

óbject [ábdʒɪkt]（[ábdʒekt] の発音もある）
　　　　 ●　●

objéct [əbdʒékt]
　　　 ●　　●

　2つの音節の長さは同じタンタン〈♩ ♩〉ではなく，前に
強勢があればターンタ〈♩. ♪〉，後ろならタターン〈♪ ♩.〉
と長さが変わります（正確に音の長さを表すものではなくイ
メージです）。音節の長さを決めるのは主に母音の長さで，
母音の長さが大きく変わることになります。
　このように強勢の有無で母音の長さは変わりますが，よ
り大きな単位の中でも音節の長さは変わってきます。日本
語では音節が増えればそれに応じて全体が長くなっていま
す。

　語　　　　 ご　　　　　1音節
　　　　　　 ●

　語句　　　 ごく　　　　2音節
　　　　　　 ●●

　語句に　　 ごくに　　　3音節
　　　　　　 ●●●

　語句にも　 ごくにも　　4音節
　　　　　　 ●●●●

それに対し，英語では強い音節を中心に前後に弱い音節が
0個以上付いて1つのまとまりを作り，その中で各音節の

長さも変わって来ます。weak, weaken, weakening と音節数が 1，2，3 と増えても，全体の長さは音節数に比例して長くはならず，短い弱音節が加わると強音節の weak の長さが詰まって短くなっていきます。

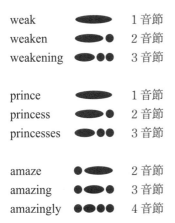

weak		1 音節
weaken		2 音節
weakening		3 音節
prince		1 音節
princess		2 音節
princesses		3 音節
amaze		2 音節
amazing		3 音節
amazingly		4 音節

　語よりも大きい単位でも同じことがいえます。まず，head だけなら 1 音節で，強い音節なので長めに発音されます。単語の発音を示すときなどは単独で，かつ発音をはっきり示すように発音されるので，母音は長めになります。子音 [d] も少し長めになり，「ヘーッドゥ」のような感じになります。

head		1 音節
heading		2 音節
the heading		3 音節
to the heading		4 音節

これに接辞の ing が付くと2音節。音節数が倍になっても長さは2倍にはなりません。接辞は軽く短く発音されますが、その音節が加わった分、語幹の head の部分が短くなります。さらに前に語が付き the heading と3音節、to the heading と4音節になっても、音節数に比例して全体が長くなるのではなく、音節数が多くなった分、それぞれの音節が少しずつ短くなっていきます。

このように、音節の長さも日本語と英語では仕組みが大きく異なるので、英語の発音を日本語の仕組みで理解しようとすると混乱が生じます。

私が中学校で英語を習い始め violin という語が出てきたとき、先生の発音する単語の最後の音節が「リーン」に聞こえました。発音記号を見ると [lín]。伸ばす記号 <:> はないけれども、machine の最後の母音と同じく「イー」のように聞こえる。しかし、片仮名表記は「バイオリン」で「バイオリーン」ではない。さらに、ist が付いて violinist になると、今度は短く聞こえる。(発音表記は当時のもの。)

    violínist [ínist]　バイオリニスト
    violín　　[ín]　　バイオリーン　　どっちと同じ？
    machíne　[íːn]　　マシーン

一体どういうことなんだろう、と混乱しましたが、violin と machine の最後の音節の母音の違いは、長さではなく音質。machine のほうは緊張した音で、violin は弛緩した音。長さは現れる位置によって変わります。「短母音」と呼ばれる母音でも英語の発音が身に付いている人は自然と

長く発音します。長く発音していても，本人は「短母音」
だから「短く」発音していると思っていて，説明が必要な
ことだと認識していなかったり，実際の例を示せば理解で
きると思ったりしがちです。しかし，説明なしに聞く生徒
は日本語の発音の感覚で捉えようとして混乱してしまう。
こんなことが起きることもあります。

　次の話も私の経験から。中学生のときに，ふと，「そう
か，カラーがフルだからカラフル colorful か」と思い付き，
"大発見"に興奮。すぐに「あれ，でも，何でカラーフル
じゃないんだろう」と疑問に思いましたが，疑問は解決せ
ずにそのままに。

　color 　　　[kʌ́lɚ] 　　カラー
　colorful [kʌ́lɚfəl] 　カラフル

　弱音節でも後ろに何も来ないと長めに発音されるが，何
かが続くと短くなる。violin, violinist に似たパターン。後
ろに何も来ないと長めに発音されるといっても，明確に長
いわけではなく，短く発音してもよい。printer は「プリ
ンター」か「プリンタ」か，computer は「コンピュータ
ー」か「コンピュータ」か，と表記が問題になることがあ
ります。

　color 　　　カラ？　カラー？
　printer 　　プリンタ？　プリンター？
　computer 　コンピュータ？　コンピューター？

強勢がない母音は短く発音されますが，後ろに何も続かな

いと少し長めに発音される。最後は「タ」でも「ター」でもない，あるいはどちらでもいいわけですが，日本語ではどちらかに決めなければならない。これは日本語の問題で，英語では長くても短くても同じ「音」です。「マシーン」も「マシン」も「ミシン」も英語では machine [məʃiːn]。第2音節は「シーン」か「シン」か。1拍の「シ」よりも2拍の「シー」のほうが際立ちを与えやすいところはありますが，これもどう表記するかは日本語での問題です。

　母音も子音も条件によって長さが変わります。happy をゆっくり発音すれば，pp [p] も y [i] も長めに発音されます。強勢のある第1音節に際立ちがありますが，日本語では2拍にすれば目立たせられます。2拍にするには長母音にするか促音にするか撥音を用いるか。無声音の pp の前の母音は詰まった感じで，かつ pp 自身長く発音されます。そのため促音を使った感じが英語の happy の発音の感じに当てはまります。結果として日本語話者には「ハッピー」と聞こえるような発音になります。

happy 　　　[hǽpi] 　　　ハッピー
happiness [hǽpinəs] 　ハピネス

この happy に ness を付けて名詞 happiness にすると，音節が増えて語幹部分が短めになります。その結果，「ッ」や「ー」を付けなくても違和感ない発音になります。子音，母音の長さの違いは発音記号には書かれないため，発音記号では同じなのに，実際の発音は違う，日本語の仮名で書くと表記が変わる，ということが起きることになります。

　ヘボン式ローマ字の「ヘボン」も，女優のオードリー・

ヘップバーン（ヘプバーン）の「ヘップバーン」も，英語では Hepburn ですが，英語での発音は /hépbəːn, hébəːn/。/p/ を発音しても，閉鎖だけで破裂のない [p̚] になるのが普通です。破裂がないと，[p̚b] と [bː] の差があまりなくなり，[b] になってしまうこともあります（cf. cupboard [kʌ́bəd]）。/hep/, /bəːn/ と 1 音節ずつ，あるいは 2 音節でもゆっくり発音すればそれぞれが長めに発音され，「ヘップバーン」と聞こえるような発音になり，2 音節で通常の速さで /hepbəːn/ と発音すると短めになり，「ヘボン」にも聞こえる発音になります。ヘップバーン，ヘプバーン，ヘップバン，ヘプバン，ヘッパン，ヘバン（ヘボン）。このうちどれか 1 つだけが英語の発音を正しく表記しているとはいえません。

4.7 強勢拍リズムとモーラ拍リズム

　母音と子音を組み合わせ音節というまとまりを作り，それをさらに組み合わせてより大きなまとまり，音の連なりができ，リズム，メロディー（抑揚，イントネーション）が生じます。イントネーションは本書では扱いませんが，リズムについてはこのあと詳しく見たいと思います。

　日本語のリズムは 1 つ 1 つの音節が基本となるリズムです。より正確には，音節ではなくモーラという単位になりますが，モーラは大体仮名書きしたときの 1 文字分に相当すると考えてください。「カー」「カン」「カッ」は 1 音節でも 2 モーラです（ただし「キャ」「クォ」「ティ」などは 1 モーラ）。

　日本語がモーラを基本とするリズム，〈モーラ拍リズム〉

であるのに対して，英語は1つ1つの音節ではなく，強勢のある音節を中心とした〈強勢拍リズム〉で，強勢のある音節の位置がなるべく等間隔に並ぶように音節の長さが調整されます。

日本語	英語
モーラ拍リズム	強勢拍リズム
アメリカ	America
●●●●●	●━●━●●●

　日本語の音節をどれも同じ長さであるかのように示しましたが，メトロノームに合わせ音節の長さが揃うように発音すると不自然に響くことからわかるように，自然な発話で音節が文字通り同じ長さになるわけではありません。実際の発音でどうなるか確認しましょう。次ページの図は「世界で一番小さな鳥」と "What is the smallest bird in the world?" の波形図です（宇都木昭氏提供の図を加工）。<＋>で母音（と日本語では「ん」[n]）の位置を示しました。英語では弱拍は <＋> にしています。時間的には大体同じぐらいの長さの句ですが，こうして比べて見ると，日本語では音節（モーラ）が比較的均等に並んでいるのに対し，英語では強く発音される母音が長く比較的に等間隔で並んでいるのがわかります。文字通りではなく誇張した言い方になりますが，〈音節が固定長で等間隔に並ぶモーラ拍リズムの日本語〉と〈音節が可変長で強拍が等間隔に並ぶ強勢拍リズムの英語〉のように対比して捉えると，日英語の発音の違いがイメージしやすくなります。

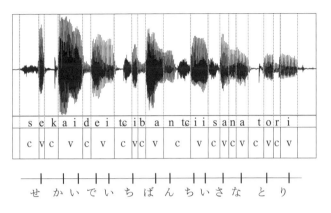

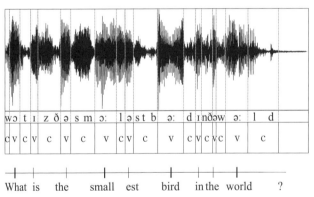

　このように日本語と違って英語では強く読むところが等
間隔で現れ，その間に弱音節が挟まるパターンだと据わり
がよい。たとえば Jack and Betty なら，強弱強弱で英語の
リズムとしては調子がいい。Betty and Jack では強弱弱強。
もちろん，英語としてまったく問題ない句ですが，強・強
のところを等間隔に並べようとすると弱弱のところを短め

に発音することになります。

Jack and Betty	men and women	ladies and gentlemen
●　•　●	●　•　●	●●　•　●　•　●
Betty and Jack	women and men	gentlemen and ladies
●●　•　●	●　•　●●	●●　•　●　•　●

men and women なら〈強弱強弱〉のリズムになり，ladies and gentlemen なら〈強弱弱強弱弱〉と，規則的なリズムになり据わりがよくなります。

　リズムを揃えるために強勢の位置自体が変えられることもあります。英語では強音節が連続することを嫌います。fifteen 単独では teen が一番強く発音され，●●のパターンになりますが，これに boys が続くと●●●●となり，強いところが連続してしまうので，fif のほうを強く読み●●●●にして強い音節が連続することを避けます。同様に Japanese でも強勢が移動します。

fiftéen	Jàpanése
fifteen bóys	Jápanese Príme Mínister

辞書ではこのような強勢の移動が見られる語に「強勢移動」などの印が付けられていることがあります。

　examine する人は examiner で，される人は examinee になりますが，-ee はフランス語の過去分詞の語尾 -é に由来し「〜される人，もの」を表します。フランス語での発音を真似て，接尾辞自身に第１強勢を置き，その結果，第１強勢があった語幹の音節の強勢が第２強勢に変わります。

exámine	/ɪgzǽmɪn/	íntervìew	/íntəˌvjùː/
exáminer	/ɪgzǽmɪnəˌ/	íntervìewer	/íntəˌvjùːəˌ/
exàminée	/ɪgzæ̀mɪníː/	ìntervìewée	/ìntəˌvjuíː/

exámine の強勢は後ろから 2 番目の音節にあり，強勢のある -ee を付けても強勢のある音節は連続しません。一方 interview の最後の音節には第 2 強勢がありますが，-ee が付くと弱化して強勢が連続しないように発音されます。

　advíse は 2 音節語で，強勢は最後の音節にあります。-ee が付くとこの音節の強勢は第 2 強勢に変わりますが，強勢が連続してしまうため，第 2 強勢が弱音節だった第 1 音節に移動し強勢の連続を避けることがあります。強勢が移動すると弱母音は強母音（advisee の a は短音，detainee の e は長音）に変わります。

advíse	emplóy	endórse	detáin
advìsée	emplòyée	endòrsée	detàinée
àdvisée	èmployée	èndorsée	dètainée

　committee はつい committy と綴りたくなりますが，この ee も元は同じ接辞。referee の ee も同じで，refer される人を表します。強勢の位置に着目すると，referee では第 2 強勢が第 1 音節に移り強勢の連続が避けられているのがわかります。

refér 問い合わせる，委託する，参照する
reférrer
rèferée レフェリー，審判員，調停人，審査員

commít /kəmít/ 委ねる，託す
commíttee /kəmíti/ 委員会
còmmittée /kàmɪtíː/ 後見人，管財人

committee では，ee の強勢が落ちた形は「委員会」の意味になり，「後見人」などの意味では第2強勢が第1音節に移り，やはり強勢の連続が避けられています。こういうところにも強勢の連続を避けようとする傾向が見られます。

　同じ音の連続でも，話す早さによっても強く発音される位置も変わります。U, S and A あるいは U, S, A をゆっくり読むときは，文字の名称 U, S, A の1つ1つが強く読まれます。しかし，早く読むと強い音節が続くことになるので真ん中の S は強く読まずに済ませ，リズムを調整します。

U, S and A /júː és ənd éɪ/, /júː es ənd éɪ/
U, S, A /júː és éɪ/, /júː es éɪ/
the USA /ðəjùːeséɪ/

United States of America の略 USA は一まとまりで読まれますが，そのまま1文字ずつ強く読めば強い音節が3つも連続してしまうため，間の S を強く読まず，リズムを調整します。もちろん，ゆっくり読めば U, S, A それぞれが強く読まれます。US も，単独では ÙS と S のほうが強く

なっても，後ろに President が続くと強い音節が続くことになるので，ÚS Président のように強勢の位置が移動します。

このように，強勢拍リズムに合うように，強勢の位置を変えたり間引いたりしてできるだけ強勢のある音節が連続しないように調整されることが英語ではよく見られます。

語順を変えることでリズムが調子よくなることもあります。a tall man に tall を修飾する言葉 very を付けると a very tall man になりますが，too を付けると a too tall man ではなく too tall a man になります。

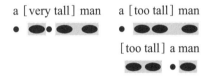

a [very tall] man　　a [too tall] man

[too tall] a man

too 以外にも他の副詞の場合でも語順が変わり，so tall a man, as tall a man, how tall a man のようになります。この，形容詞句を不定冠詞の前に置く語順は文法に組み込まれているので，リズム的に問題ない場合でも適用されます。一方で，不定冠詞ではなく定冠詞 the の場合は the too tall man のままで too tall the man とならないように，リズムが文法に優先することはありません。

このように，英語ではいろいろなところで強勢拍リズムに合わせるように強勢位置の調整が行われます。

4.8 強勢拍リズムの練習

　英語の学習では歌や詩，ナーサリーライム（童謡，わら
べうた，マザーグース）などがよく利用されます。最終的
には普通の句で強勢拍リズムに合わせ発音できるようにな
る必要がありますが，まずは規則的な音節の並びの例から
入るとリズムの感覚が捉えやすくなるでしょう。

　次の句はナーサリーライムの早口言葉から。

Peter Piper picked a peck of pickled pepper.

早口言葉でもゆっくりと発音すればそう難しくはありませ
んが，それでも英語らしい音節とリズムで発音しようとす
ると，ゆっくりであるがゆえに誤魔化せず，結構手こずり
ます。最初の Peter も日本語の「ピーター」（●●）の
感覚で発音してしまうとリズムが英語らしくなりません。
タン・タン〈♩♩〉のリズムではなく，ターン・タ〈♩.♪〉
のリズムで読みます。picked a は「ピックトゥア」ではな
く，2音節 /píktə/ を「ピークタ」のようにターン・タ
〈♩.♪〉のリズムで2拍で読みます。/ɪ/ は「短母音」と呼
ばれますが，強勢があるので長く発音されます。pickled
/píkld/ は /l/ が音節主音的子音で音節の核をなすので，2
拍になります。/l/ は「ウ」のような響きの音で，単語全
体は「ピックルドゥ」ではなく「ピークゥドゥ」のような感
じになります。

　次の2は，強弱のセットが1行になるように改行し，リ
ズムを示す●●を付けたもので，3はそれを発音記号で
示したものです。1に示した日本語のリズムにならないよ

うに気を付けましょう。

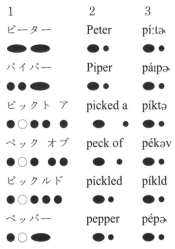

1	2	3
ピーター	Peter	píːtə
パイパー	Piper	páɪpə
ピックト ア	picked a	píktə
ペック オブ	peck of	pékəv
ピックルド	pickled	píkld
ペッパー	pepper	pépə

※○は音のない拍

こちらは表示の仕方を変えたもの。

♩♪　♩♪　♩　♪♩　♪♩　♪♩　♪

Peter Piper picked a peck of pickled pepper.

ピータ バーイパピークタ　ペーコヴ ピークッドゥペーパ

[píːtə páɪpə píktə pékəv píkld pépə]

最近はメトロノームのソフトで簡単にリズムが取れるの
で，メトロノームで〈♩♪♪〉のリズムをセットし，それ
に合わせて発音してみてください。最初はゆっくり，余分

な母音が入らないよう注意しながら，強勢がある音節は強く長く，強勢のない音節は軽く短く発音できるか確認し，徐々に速度を上げていくといいでしょう。

次は Twinkle, Twinkle, Little Star「きらきら星」です。

Twin-kle twin-kle lit-tle star,

● ● ● ● ● ● ●

How I won-der what you are!

● ● ● ● ● ● ●

Up a-bove the world so high,

● ● ● ● ● ● ●

Like a dia-mond in the sky.

● ● ● ● ● ● ●

twinkle, little はどちらも 2 音節。「トゥインクル」「リトル」と 5 拍と 3 拍にならないようにするのはもちろんですが，twin と lit は長く，kle と tle は短く発音します。twin, lit で伸ばすのは母音の部分です。「短母音」でもトゥウィーン，リートゥとしっかり伸ばします。kle, tle は [k, t] を発音してから [l] を発音するので間違いではありませんが，最初から舌を [l] の構えにし，その状態を維持したままで [k, t] を発音するようにするとスムーズに発音できます。tle では [t] は舌の先ではなく両脇を破裂させ，舌先はずうっと歯茎に付いたままにします。like a diamond の like, in the sky の in は，ここではリズムを整えるため強く読まれ（歌われ）ます。動画が多く公開されているので，基本的なところが確認できたら一緒に合わせて歌ってみるといいでしょう。

92

Twin-kle twin-kle lit-tle star

1. ♩ ♩ ♩ ♩ ♩ ♩ ♩

2. ♩. ♪ ♩. ♪ ♩. ♪ ♩

元のメロディーのリズムは1ですが，2のように変え，1/2の早さでゆっくりと歌ってみると，余分な母音を入れて拍を増やしていないか，強勢のある音節が長くなっているかが確認しやすくなります。

次は Humpty Dumpty。

Humpty Dumpty sat on a wall;

●　·　●　·　●　·　·　●

Humpty Dumpty had a great fall.

●　·　●　·　●　·　·　●

All the king's horses and all the king's men

●　·　●　·　●　·　·　●　·　●

Couldn't put Humpty together again.

●　·　·　●　·　●　·　·　●　·　●

これも検索すると歌の動画がヒットします。どの行も強い

93

音節は4つですが，音節数が違います。リズムに合わせて無理なく読める（歌える）ようにするには，余分な母音を入れないことと，軽い音節での長さの調節がポイントとなります。こちらは元のメロディーが〈♩♪〉のリズムなので，それに合わせて歌えばよいでしょう。

　普通の英文はこのようにきれいに音節が揃えられるわけではありませんが，こういうものを例にリズムに注意して練習すると，英語のリズムの感覚も身に付けやすくなります。

　第一部では，音を作る仕組みを確認し，日本語の発音を基に音の分類方法や，言語において同じ音，違う音とは何かについて考え，最後に日本語と比較しながら英語の音節の特徴について見てきました。次の第二部では，これを踏まえ，英語の文字・綴りの特徴，綴りの規則について見ていきます。

第二部

綴り字編

第5章 英語の文字の由来と各文字の読み方の基本

第一部「発音編」の内容も踏まえ，第二部では英語の文字・綴りの特徴，綴りの規則について見ていきます。なお，第一部では発音を示すのに主に音声表記を示す [ ] を使いましたが，第二部では音素表記を表す / / を用います。

5.1 文字の種類：表語文字と表音文字

第1章の初めに言語も文字も記号の体系だと説明しました。記号はシニフィアン（形式，能記，指し示すもの）とシニフィエ（意味，所記，指し示されるもの）の組み合わせですが，文字の場合，シニフィアンは空間的なパターン，図形になります。ある図形，たとえば 山 が日本語の「やま」という言葉をシニフィエとする場合，語を表す文字ということで「表語文字」と呼びます。音を表せば「表音文字」となり，片仮名では カ が /ka/ という音節を表します。片仮名のように1字が基本的に音節を表せば「音節文字」になります。/ka/ という音節はさらに /k/ という子音と /a/ という母音に分解することができます。子音と母音それぞれに対応する文字の組を「アルファベット」と呼びます。

世界の文字の中には子音のみを表記するのを基本とする文字もありますが，これらの文字は狭義のアルファベット

には含まれません。古代エジプトで使われていたヒエログリフには表音文字も含まれますが母音を表す文字はなく子音を表記する文字のみで、ローマ字の元になったフェニキア文字も子音だけを書き記す文字でした。

英語を書き表すのに用いられる文字は子音、母音を別々に表記するので、アルファベットです。ギリシャ文字や、ロシア語の表記に用いられるキリル文字などもアルファベットの一種なので、これらのアルファベットと区別して呼ぶときは、「ローマ字、ラテン文字」と呼びます。文脈からローマ字のことを指していることがわかれば、単に「アルファベット」と呼んで済ませています。本書でも、ローマ字のことは単に「アルファベット」と呼びます。

日本語をローマ字で表記すること、表記の方法、ローマ字で表記した日本語のことを「ローマ字」という習慣が定着して、take を英単語として /teɪk/ と読むのではなく、日本語が表記されたものとして /take/ と読むことを「ローマ字読み」といったりしますが、「ローマ字」そのものは元々文字を表す言葉です。

5.2 アルファベット26文字：
大文字と小文字、母音字と子音字

英語の表記に用いられる文字は、元々古代ローマでラテン語を表記するのに用いられていたものです。ギリシャでギリシャ語の表記に用いられていたギリシャ文字（アルファ A、ベータ B、ガンマ Γ、デルタ Δ、……）がエトルリアに伝わりエトルリア文字になり、それがさらにローマに伝わりラテン語を書くのに使われ、ローマ字（ラテン文字）

になりました。「アルファベット alphabet」の名称はギリシャ文字の最初の2文字の名称，アルファ alpha とベータ beta から来ています。最初のメンバーを並べて全体を表すのは，「ABC，ドレミ，いろは」などでも見られる命名法です。

　現代英語を表記するのに使われるアルファベットは A, a から Z, z までの26文字ですが，主に表す音が母音か子音かで母音字と子音字に分類することができます。

母音字	子音字				
A a	B b	C c	D d		
E e	F f	G g	H h		
I i	J j	K k	L l	M m	N n
O o	P p	Q q	R r	S s	T t
U u	V v	W w†	X x	Y y†	Z z

†W, Y は母音字にもなる

この表のように母音字が一番左に来るように折り返して配置すると，1段目と2段目，3～5段目の右端がきれいに揃ったり，縦方向に見てみると，母音字だけでなく，両唇音・唇歯音を表す B, F, P, V や軟口蓋破裂音を表す C, G, K, Q が並んでいたりと，この並びに何か意味があるような感じがしてしまいますが，これは偶然です。I と J，U と V は後で母音字と子音字として分化したもので，元々同じ文字で区別はありませんでした。W の名前は double U ですが，V のように見えるのに double U と呼ぶのは，昔は U と V の区別はなく，double U と呼んでも double V と呼んでもよかったからです。英語では double U のほう

が残りましたが，フランス語ではdouble V（ドゥーブル ヴェ）と呼んでいます。

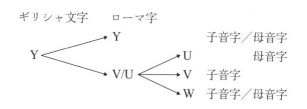

IとJが同じ文字で，U, V, Wも元は1つの文字なので，昔であれば前ページの表のようにはきれいに並びません。

　Zもギリシャ文字では別の位置にありました。ラテン語の表記には使わないからと外された後で，やっぱり必要だからと付け加えられたために最後になっていますが，元々はGの位置にありました。GはCに1画追加して作られた文字で，空いていたZの位置におかれたものです。/k/（ク）を表すCと /g/（グ）を表すGの字形が似ているのは偶然ではなく，Cを基に作った文字だからです。

　ギリシャ文字からさらに遡るとフェニキア文字になりますが，フェニキア文字は子音だけを書く仕組みになっていて母音字はなく，A, E, I, O, Uの元となった文字もフェニキア文字では母音字ではありませんでした。A, B, C, ...の順序はフェニキア文字から引き継いだものと考えられています。

　このように，現代英語で使われている文字を母音字が一番左に来るように折り返して並べると全体がきれいに揃って見えても，昔はそうではなかったわけです。

　現在はギリシャ文字にもローマ字にも大文字と小文字が
ありますが，元は大文字しかありませんでした。大文字が
書かれているうちに丸みを帯びて小型化し，小文字ができ
ました（A → a，B → b，C → c，...）。次の図は書体間の派
生関係を示したものです。単純化されたものではあります
が，こうやって書体を比較してみると，大文字から小文字
が生じた過程がわかります。

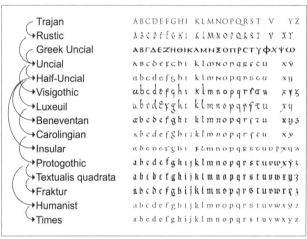

※https://upload.wikimedia.org/wikipedia/commons/c/c0/Evolution_of_
　minuscule.svg

　小文字ができて大文字は使われなくなったかというと，
そうはならず，大型で見映えのする大文字は文書のタイト
ル，段落先頭，文頭，固有名詞の最初など，際立たせたい
ところ（キメたいところ，カッコ付けたいところですね）に
使う習慣が生じ，現在のような大文字と小文字を併用する

体系ができました。

　目立たせたいときなどに使う一種特別な文字なので，見出しや掲示など短い語句ならいいですが，普通の文章を大文字だけで書くと「うるさい，喧（やかま）しい」感じになってしまうので，普通は避けられます。

　私が中学生のとき，英語の授業で先生が，大文字と小文字はどちらが先にできたと思うか，と問い，私は小文字のほうに手を挙げました。小文字のほうだと思ったのも，小文字が基本で大文字は特別なときに使う形と認識していたからでしょう。そういう感覚の人は多いと思いますが，その感覚で英語の漫画を読むと，なぜ漫画では大文字ばかりでセリフを書くのだろう，と疑問が生じます。理由に関して定説はありませんが，大文字はすべて高さが揃っているので大文字のみなら手書きでセリフを書き込むときに上下に2本の線を引くだけできれいに揃えて書けるから，という説があります。

　大文字を uppercase letters，小文字を lowercase letters と呼ぶことがありますが，これは活字ケースから来た呼び方です。植字台の上部のケースに大文字を，下部のケースに小文字を入れたことから，「上のケースの」「下のケースの」で大文字・小文字の違いを表すようになりました。コンピューターで検索する際，大文字・小文字を区別することを case-sensitive，区別しないことを case-insensitive といいますが，この場合の case もここから来ています。

5.3 アルファベットの各文字の名称と音価

　元々ラテン語を書き表すのに使われたアルファベットで

すが，英語を含めヨーロッパのさまざまな言語を表記するのにも用いられました。領土拡大，植民地，移民，宣教，政治，経済活動などでヨーロッパの言語が世界中に広がるとともにアルファベットの使用も広がり，文字を持たない言語，日本語のように別の文字で表記されていた言語の表記にも用いられるようになりました。アルファベットの各文字の名称（名前）と音価（発音）は表記する言語によって違います。このあと英語での名称と音価を確認していきますが，まずはその前に，日本語の仮名について確認しましょう。

　仮名も表音文字ですが，1文字が音節を表す音節文字です。「は」が /ha/ 以外に /wa/ を表すことがあったり，/o/ を表す文字に「お」と「を」があったりしますが，各文字が表す音は基本的に1つで，各音価に対応する仮名は1つです。各文字には名称はありませんが，音を示せばどの文字か特定できるので，音を名称の代わりに使うことができます。

文字	"名称"	音価	文字	"名称"	音価
あ	/a/	/a/	け	/ke/	/ke/
い	/i/	/i/	の	/no/	/no/
う	/u/	/u/	は	/ha/	/ha/(/wa/)

　音節文字の仮名が表す音価は母音を含む音節なので，発音しやすく，そのまま名称として使用できますが，アルファベットは音節を分解して，母音と子音を別々に表記する文字なので，子音字が表す音は単独では発音しにくく聞き取りにくいものになります。たとえば，F の基本的な音価

は /f/ ですが, /f/ をそのまま名称としたのでは不便です。したがって, アルファベットでは基本的に子音字には母音を添えて名称とする（Fなら /f/ に /e/ を加え /ef/ とする）ため, 音価と名称が異なることになります。

　アルファベットの各文字の名称は言語によって異なります。日本語では文字の名称には英語式を採用していますが, 音楽など, 分野によってはドイツ語, イタリア語などでの名称が用いられることもあります。

　次は日本語の表記に使われるアルファベットの文字の名称と音価（訓令式）です。第一部で見たとおり, ラ行, ザ行を表すr, zや「ん」を表すnは現れる位置で発音が大きく変わりますが, ここではそういう違いは示していません。

文字	名称	音価
A a	エー, エイ	/a/
B b	ビー	/b/
C c	シー	—
D d	ディー	/d/
E e	イー	/e/
F f	エフ	—
G g	ジー	/g/
H h	エイチ, エッチ	/h/
I i	アイ	/i/
J j	ジェー, ジェイ	—
K k	ケー, ケイ	/k/
L l	エル	—
M m	エム	/m/

文字	名称	音価
N n	エヌ	/n/
O o	オー	/o/
P p	ピー	/p/
Q q	キュー	—
R r	アール	/r/
S s	エス	/s/
T t	ティー	/t/
U u	ユー	/u/
V v	ブイ	—
W w	ダブリュ（ー）	/w/
X x	エックス	—
Y y	ワイ	/j/
Z z	ゼット	/z/

　penはピーp, イーe, エヌnの3文字で書かれ, 各文

字は /p/, /e/, /n/ という音を表し，合わせて /pen/ という発音を表します。英語の /pen/ と発音は異なりますが，それは文字の表音の仕組みではなく，発音自体の問題です。

　英語でもアルファベットの名称は基本的に１つですが，日本語の場合との大きな違いは，音価のほうが複数あることと，文字の組み合わせで表す音が多くあることです。

文字	名称	基本的な音価	文字	名称	基本的な音価
A a	/eɪ/	/eɪ, ɑː, æ/	N n	/en/	/n/
B b	/biː/	/b/	O o	/oʊ/	/oʊ, ɔː, ɑ, ʌ/
C c	/siː/	/k, s/	P p	/piː/	/p/
D d	/diː/	/d/	Q q	/kjuː/	/k/
E e	/iː/	/iː, e/	R r	/ɑɚ/	/r/
F f	/ef/	/f/	S s	/es/	/s, z/
G g	/dʒiː/	/g, dʒ/	T t	/tiː/	/t/
H h	/eɪtʃ/	/h/	U u	/juː/	/juː, uː, ʌ, ʊ/
I i	/aɪ/	/aɪ, iː, ɪ/	V v	/viː/	/v/
J j	/dʒeɪ/	/dʒ/	W w	/dʌbljuː/	/w/
K k	/keɪ/	/k/	X x	/eks/	/ks, gz, z/
L l	/el/	/l/	Y y	/waɪ/	/j, aɪ, ɪ/
M m	/em/	/m/	Z z	/ziː|zed/	/z/

　p /p/ + e /e/ + n /n/ で合わせて /pen/ という音を表すやり方は，日本語を含め他の言語でも用いられるローマ字の使い方です。母音と子音を表す文字を発音される順に並べて語の読みを示すという基本的な原理は他の言語でのやり方と同じですが，英語の場合，歴史的な経緯から，１つの文字に複数の音価があったり，文字と発音でずれがあったりと，文字・綴りと発音の関係が複雑なものになっており，

仕組みがわかりにくくなってしまっています。

　日本語での名称エー，ビー，シー，……は英語式の名称を取り入れたものですが，そもそも英語でA /eɪ/, B /biː/, C /siː/, ... となっている理由についてはこの章の最後で説明します（☞ pp. 142-147）。

5.4 英語における発音と文字・綴りのずれ

　ここから具体的な英語の綴りと発音の規則について見ていきますが，まずしっかりと押さえておきたいのが，文字・綴りと発音との区別です。英語では，両者の間にずれはありますが対応関係については体系的です。しかし，ずれを押さえないと体系が見えなくなり，規則・体系がないように見えてしまうので，この後の説明では違いに注意して読んでください。たとえば，「母音，前母音（前舌母音）」と「母音字，前母音字」は別のものを指します。「母音，前母音」は発音のことで，「母音字，前母音字」は文字を指します。「母音」と「母音字」を同時に指すときには「母音(字)」と書きます。

　あー，めんどくさい。そう思うかもしれませんが，実際に英語の綴りはそういう体系になってしまっているので，しょうがありません。

　さて，日本語のローマ字表記では，母音字は母音を表し，母音を表すのは母音字で，前母音と前母音字も対応するなど，文字と発音を明確に区別しなくても混乱は生じません。次の図は，p. 19で示した母音の三角形に半母音を表すyとwの文字を加えたものですが，発音と文字の間にずれはないため両方をまとめて1つの図に示すことが可能です。

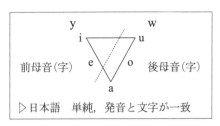

これに対して，英語では文字・綴りと発音の間にずれがあるため，明確に区別して扱う必要があります。たとえば，case の a は文字としては後母音字ですが表す音は前母音の /eɪ/ で，文字と音の間にずれが生じています。あとで詳しく見ますが，case の c が /s/ ではなく /k/ と読まれるのは続く文字 a が後母音字だからで，表す音が前母音 /eɪ/ であることは関係しません。

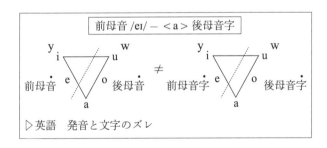

čurtain /kə́:tən/　　čase /keɪs/　　čat /kæt/
ċertain /sə́:tən/　　ċent /sent/　　ċite /saɪt/

curtain も certain も c の後の発音は /ə́:tən/ で同じなのに c

の発音が /k, s/ と異なるのは続く文字の違いで，curtain では後母音字の u，certain では前母音字の e が続くためです。このように，英語の文字・綴りの発音について考えるときには，文字・綴りと発音を区別して対応関係を捉える必要があります。

5.5 子音字の読み方：単子音字，複子音字，重子音字

それではこれから具体的に綴りと発音の規則を見ていきましょう。

まずは子音字の読み方からです。子音字には「単子音字」「複子音字」「重子音字」があります。p で /p/, n で /n/ のように，1字で1つの子音を表す文字を「**単子音字**」，pp で /p/, nn で /n/ のように同じ子音字2つで1つの子音を表すものを「**重子音字**」と呼ぶことにします。下の表では単子音字と対応する重子音字が上下に配置しています。

単子音字と重子音字																			
単	b	d	f	h	j	k	l	m	n	p	q	r	ř	š		t	v	w	y	z
重	bb	dd	ff			ck	ll	mm	nn	pp		rr	šš	(šš)	tt					zz

単子音字の発音は基本的にその文字が発音記号として用いられたときに表す音となります。たとえば，b であれば音価は /b/ になります。ただし，j は発音記号 /dʒ/ で表される音を表し，発音記号とは異なります。ややこしいことに，y の発音は /j/ で表されるので注意してください。

k に対応する重子音字は kk ではなく ck です。q の発音は k と同じ /k/ で，qu の形で用い，語頭では qu で /kw/ を

表します。q だけで /kw/ だと思っている人も少なくないようですが，q /k/ + u /w/ という成り立ちです。unique, technique などでは u と e は読まれず que で /k/ となります。

　s の音価には無声音と有声音がありますが，s̊ は無声音 /s/，s̈ は有声音 /z/ を表します。重子音字 ss は無声音が基本ですが，一部有声音もあります（e.g. possess, dessert）。

　あまりにも当たり前過ぎて意識していないかもしれませんが，英語の綴りの変わった特徴として，単子音字と重子音字が同じ発音を表すことが挙げられます。p が /p/ なら，普通は pp で /pp/（「ププ」と /p/ を 2 回）や，長子音 /pː/ を表すことを期待するところですが，英語では重子音字は単子音字と同じ発音になります。2 つ書いても 1 つ分しか発音されないわけで，謂わば 1 字分黙字（それ自体は発音されない文字）となります。

　次の ch /tʃ/，sh /ʃ/ のように，複数の文字で 1 つの子音を表すものを「複子音字」と呼ぶことにします。

複子音字
ch /tʃ/, ph /f/, sh /ʃ/, ẗh /θ/, ẗh /ð/; wh /(h)w/; ng /ŋ/
((zh) /ʒ/:　measure vision; genre massage)
ts　/ts/:　tsunami (czar); cats quarts (quartz)
ds　/dz/:　cards reads

複子音字であることを明示的に示すにはタイ記号（<‿>, <⁀>）を用います（e.g. s͡h, n͡g）。上で見た重子音字も複子音字の一種です。

　/ʃ/ を表す複子音字 sh はありますが，対応する有声音 /ʒ/ を表す複子音字はなく，辞書の発音表記では zh が用いら

れることがあります。ちなみに，発音記号の <ʃ> は昔 s の字形の１つとして使われていた <ʃ>（"long s" と呼ばれる）のイタリック体 <ʃ> を他の記号の字形に合うように垂直にしたもので，esh /eʃ/ という名前が付けられています。<ʒ> は <z> の字形のバリエーションの１つから取られ，名前は ezh /eʒ/ です。

th の無声音は /θ/ で，有声音は /ð/ です。補助記号を付け無声音を t̪h，有声音を ẗh で表すことにします。ちなみに，発音記号の <θ> はギリシャ文字のテータ（theta）Θ の小文字 θ から，<ð> は d に似ている別の音ということで d に横棒を加えたものから来ています。<ð> は古英語でも使われていた文字で，名称は eth, edh /eð/ です。昔は th ではなく，この <ð> やルーン文字から取り入れた <þ> という文字（名称 thorn /θɔɚn/）が /θ, ð/ の発音を表すのに使われていました。

caps の ps は p /p/ の後に s /s/ を続けて /ps/（プス）と発音しますが，cats の ts は「トゥス」ではなく，/ts/（ッ）という「破擦音」と呼ばれる１つの子音を表します。２つの子音の連続ではなく１つの子音であることを明示的に示すにはタイ記号を付け /t͡s/ とするか，合字 /ʦ/ で表しますが，英語では語末の /t/ と語頭の /s/ が連続するケース（e.g. hat͜ size）を除き，/t/ と /s/ の連続は破擦音になるため，単に <t> と <s> を並べて表記するのが普通です。that is の縮約形 that's や所有格の cat's では t と s は綴り字上連続しませんが，この場合の /ts/ も破擦音です。（ch /tʃ/, th /θ, ð/ などの複子音字が c'h, t'h と分割されることはありません。）

| that stuff | /ðæt stʌf/ | 破裂音 /t/ と摩擦音 /s/ の連続 |
| that's tough | /ðæts tʌf/ | 破擦音 /ts/ |

ch /tʃ/ が /t/ と /ʃ/ に分解できないように，ts /ts/ も音声学的には1つの音ですが，綴り字上は単子音字 t と s の連続として扱われます。tsunami の語頭の ts /ts/ は複子音字と解釈することは可能ですが，語末以外の /ts/ は例外です。英語の話者には語頭の /ts/ は発音しにくいため，tsunami は /sunáːmi/ と発音されることもあります。cards や card's の ds, d's /dz/ の場合も同様で，cabs, cab's の bs, b's が /bz/（ブズ），bags, bag's の gs, g's が /gz/（グズ）となるのとは違い，子音の連続 /d/ + /z/（ドッズ）ではなく1つの子音（破擦音）として /dz/（ヅ）と発音されます。

　wh の発音 /(h)w/ は /hw/ または /w/ を表します。綴り wh と発音 /hw/ が逆になっているように見えますが，昔は発音通り hw と書いていました。(/w/ を表す文字としてルーン文字の <ƿ>〔名称 wynn /wɪn/〕が用いられていた。) あるときから wh と綴るようになり，/h/ が脱落した発音が使われるようになって，wh で /w/ または /hw/ を表す複子音字となりました。もし hw のままで /h/ も脱落していなかったら，単子音字の連続という扱いになっていたところです。

　white, what は日本語では「ホワイト，ホワット」と表記されます。先頭の「ホ」は /hw/ の /h/ の部分を表そうとしたものですが，日本語の「ホ」のつもりで発音し，母音 /o/ が入ってしまうと英語の発音からずれてしまいます。wh は /w/ と発音されることが多いので，/w/ で発音してしまえば余計な母音が入ることもありません。

ng /ŋ/ も元々, think の nk (= n /ŋ/+ k /k/) と同じように, n /ŋ/ + g /g/ という単子音字の連続でしたが, 発音から /g/ が落ちて, ng の2字で1つの子音 /ŋ/ を表す複子音字となったものです。

(think)	thing	thin	
(/θɪŋk/)	/θɪŋg/	/θɪn/	← /g/ の有無で区別
	↓		
(/θɪŋk/)	/θɪŋ/	/θɪn/	← /n, ŋ/ の違いで区別

finger, hunger などでは /g/ は脱落しなかったので, こちらは単子音字の連続 ng /ŋg/ のまま現在に至っています。

5.6 強音節と弱音節：強さで変わる母音の種類

　第4章で見たとおり, 英語の発音では強勢（アクセントの一種；強弱アクセント, ストレス）の有無が重要な役割を果たしますが, 綴りにおける音価を考える上でも強勢の有無は重要なポイントになります。日本語ではアクセント（高低, ピッチ）の有無で母音(字)の発音が変わる（別の音素の音になる）ことはありませんが, 英語では強勢があるかないかで, 母音字の音価は大きく変わります。

　たとえば, 代名詞 me, them の母音字は強勢があるとそれぞれ /iː/, /e/ と読まれますが, 強勢がないと弱化して /i/, /ə/ となります。

強勢あり	mé /miː/	thém /ðem/
強勢なし	me /mi/	them /ðəm/

pen, let という同じ文字の並びでも，語中で強勢があれば /pen, let/ となり，強勢がないと /pən, lət/ となります。

強勢あり	pén	/pen/	lét	/let/
強勢なし	ópen	/óʊpən/	brácelet	/bréɪslət/

このように同じ綴りでも強勢の有無により発音が大きく変わるため，文字の音価について考えるときには，強勢の有無を考慮する必要があります。

　強勢がある音節とそこに現れる母音を「**強音節，強母音**」と呼び，強勢のない音節とそこに現れる母音を「**弱音節，弱母音**」と呼びます。強母音には長音と短音の区別があります。

母音字 e の場合（記号の意味は後述）

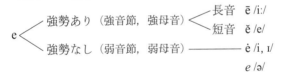

　この後は，まず強音節の母音字の発音を確認し，次に，注意が必要な子音字の発音，そして弱音節の母音字の発音について見ていきます。

5.7 母音字の読み方：単母音字，複母音字，重母音字

　母音字には，１字で１母音を表す単母音字と，２字以上

113

で1母音を表す複母音字があります。

複母音字・単母音字とその音価の例

複母音字——————長音　ee /iː/　　　　oa /oʊ/　　oy /ɔɪ/

単母音字 { 開音節—長音　ē /iː/　ī /aɪ/　ō /oʊ/

閉音節—短音　ĕ /e/　ĭ /ɪ/　ŏ /ɑ|ɔ/

　まずは，単母音字の発音から確認しましょう。強勢のある単母音字 a, e, i, o, u, y の読みには短音と長音があります。短音であることを <˘>（短音符, breve），長音であることを <ˉ>（長音符, macron）を付けて表します。

	短音			長音	
ă	/æ/	măt	ā	/eɪ/	māte
ĕ	/e/	mĕt	ē	/iː/	mēte
ĭ	/ɪ/	sĭt	ī	/aɪ/	sīte
ŏ	/ɑ/	nŏt	ō	/oʊ/	nōte
ŭ	/ʌ/	cŭt	ū	/juː/	cūte
y̆	/ɪ/	gy̆m	ȳ	/aɪ/	bȳte

o の短音 ŏ はアメリカ英語の発音（以下，米音）が /ɑ/ でイギリス英語での発音（英音）が /ɔ/ ですが，以下の説明では米音を用います。

「短音，長音」は「短母音，長母音」ではない点に注意しましょう。

短音 ≠ 短母音　　長音 ≠ 長母音

短音の ǎ, ǒ は方言によってはかなり長く発音されること
から，/æ:, ɑ:/ と表記されることがありますが，長く発音
されたからといって長音になるわけではなく，短音である
ことに変わりはありません（第一部で見たとおり英語では長
さだけで母音を区別しない点に注意）。なお，ここでいう
「方言」に非標準的というような意味はありません。一般
的なアメリカ英語も 1 つの方言です。

　長音は文字の名称と同じです。たとえば a の長音 ā は
/eɪ/ です。ただし y の名称 /waɪ/ には長音 /aɪ/ にはない /w/
が付きます。

　y は子音字としても母音字としても使われますが，母音
字としての音価は i と同じです。

長音 /aɪ/			短音 /ɪ/	弱母音 /ɪ, i/
ī trīal	stīle	dīe	ǐ smǐth	ǐ studǐed
ȳ trȳ	stȳle	dȳe	y̆ my̆th	y̆ study̆

一番右は短音ではなく後で扱う弱母音の例ですが，弱母音
でも i と y が対応します。なお，w が母音字となるのは後
で見る複母音字 aw, ew, ow においてのみで，単母音字の
用法はありません。

5.8 強勢のある単母音字と r

　a, e, i, o, u, y に r が続くと，次のように発音が変わりま
す。2 文字にまたがった記号（<^>, <‾>）を付け，r と
合わせて 1 つの音を表すことを示します。

短音 + r			長音 + r		
ȃr	/ɑɚ/	car	ȃr	/eɚ/	care
ȇr	/ɚ:/	her	ȇr	/ɪɚ/	here
ȋr	/ɚ:/	fir	ȋr	/aɪɚ/	fire
ȏr	/ɔɚ/	for	ȏr	/ɔɚ/	fore
ȗr	/ɚ:/	cur	ȗr	/jʊɚ/	cure
ŷr	/ɚ:/	syrup	ŷr	/aɪɚ/	tyre

ȃr car star smart scarf harp
ȇr her certain person concern
ȋr fir bird third girl dirty
ȏr for force morn fork
ȗr fur curl turn spur
ŷr myrrh myrtle

ȃr care stare fare dare
ȇr here mere sphere
ȋr fire hire tire wire mire
ȏr more store bore core
ȗr cure pure sure endure
ŷr tyre lyre pyre byre

発音記号で示したのは米音です。たとえば /ɑɚ/ は米音で <ɚ> に付いた <˞> は r の響きを含む母音であることを示します。英音では母音が続かないと r は発音されず，/ɑ:/ となります。英米ともに母音が続くと r は /r/ と発音されます。r が /r/ として発音されると，米音 /ɑɚ/ は /ɑ:r/ となります。

	母音が続かない		母音が続く	
	star	starred	starring	starry
米音	/stɑɚ/	/stɑɚd/	/stɑ:rɪŋ/	/stɑ:ri/
英音	/stɑ:/	/stɑ:d/	/stɑ:rɪŋ/	/stɑ:ri/

以下の説明では特に英音を示す必要がある場合を除き，米

音を用います。

er̄, ir̄, ur̄, yr̄ の発音は同じ /ɚ:/。単母音字＋r の変形は発音で見ると 3 種類です。

/ɑɚ/　ar

/ɚ:/　er　ir　ur　yr

/ɔɚ/　or

短音の変形 or̆ と長音の変形 or̄ の発音は標準的な発音ではどちらも同じ /ɔɚ/ ですが，母音字（黙字の e を含む）が続く場合を or̄，それ以外（子音字が続くか何もない場合）をor̆ として扱います。なお，or̆ と or̄ の発音が異なる方言もあります。（本書では or̆ と or̄ を区別して扱う理由については説明しませんが，関心のある方は大名（2014）『英語の文字・綴り・発音のしくみ』をご覧ください。）

r の後に母音(字)が続く場合，r による変化を被らないものもあるので，1 つ 1 つ確認が必要です。

cărry　mĕrry　mĭrror　　変化しないものの例

方言により異なったり，両方の発音がある語もあります。

英 hŏrror /hɔ́rə/　　英 hŭrry /hʌ́ri/　　sy̆rup /sírəp/

米 hŏrror /hɔ́:rə/　　米 hŭrry /hə́:ri/　　sy̆rup /sə́:rəp/

5.9 単母音字の音価決定の仕組み：音節構造と長音・短音

第 4 章「英語の音節」で見たように母音で終わる音節を

「開音節」，子音で終わる音節を「閉音節」といいます。

開音節　see /siː/　　so /soʊ/　　a /ə/
閉音節　met /met/　　send /send/　　an /ən/

日本語で「ドレミ」と発音するのは何でもありませんが，英語では dŏ /dɑ/, rĕ /re/, mĭ /mɪ/ とは発音できず，/doʊ reɪ miː/ となります。これは，英語では ă /æ/, ĕ /e/ などの短音は開音節に現れることができず（「抑止母音」と呼ばれる），開音節に現れるのは長音か弱母音となるためです。英語では café, fiancé をカフェ，フィアンセと発音できず /kæféɪ/, /fiːɑːnséɪ/ となってしまうのも同じ理由からです。同様に，Rie がリエ（rĭĕ /rɪe/）ではなく /riːeɪ/（rēā）と発音されたり，「家系」が /iː eɪ keɪ/（ēā kā）になったりします。

　次の例を見ても，強音節の単母音字 a, e, i, o, u, y は，開音節では長音（ā, ē, ī, ō, ū, ȳ），閉音節では短音（ă, ĕ, ĭ, ŏ, ŭ, y̆）になっています（mu はギリシャ文字 μ の名称）。

開音節・長音　ā　bē　hī　nō　mū　mȳ
閉音節・短音　ăn　bĕd　hĭt　nŏt　mŭg　my̆th

不定冠詞の発音の強形（強調したりするときに用いられる音形）が ā /eɪ/, ăn /æn/ であって，その逆の ă /æ/, ān /eɪn/ でないのは偶然ではなく，英語では「開音節では長音，閉音節では短音」となるからです。

	開音節	閉音節
○	ā /eɪ/	ăn /æn/
×	ă /æ/	ān /eɪn/

動詞 be の発音が /be/ ではなく /biː/ なのは開音節だからで，代名詞 me, he, she の e が /iː/ と読まれるのも同様です。

　子音字を挟まずに単母音字が連続すると，母音字間で音節が分かれ前の音節が開音節になるため，強勢があれば母音字は長音となります。

bī. as	lī.ar	dī.al	trī.al	quī.et
dī.et	gī.ant	lī.on	dū.al	fū.el

▷ ピリオド <.> は綴り字上の音節の切れ目を表す

lion, giant は 2 音節語で，li.on, gi.ant と分割されます。li, gi は開音節なので，長音の ī /aɪ/ で読まれます。

　日本語では英語の短音に似た音が開音節に現れることができるため，日英間で次のような発音の違いが生じます。間違いやすいので気を付けましょう。

カオス	chā.os	ā /eɪ/	イオン	ī.on	ī /aɪ/
ネオン	nē.on	ē /iː/	ポエム	pō.em	ō /oʊ/
レオ	Lē.o	ē /iː/			

　英語の話者であれば子供であっても，開音節では短音ではなく長音になることは身に付いているので，母音字を短音と長音のどちらで読むかを規則として教えなくてもわかります。一方，英語学習者はこういう例を通して発音を学

ぶことで，開音節では長音になるパターンを習得すること
になるわけで，ここのところは母語の場合と外国語として
学ぶ場合とでは事情が異なります。

　今度は逆の短音のケースについて。重子音字は単子音字
と発音は同じで1つ分しか発音しませんが，綴り字上はそ
の間で分割されるので，前は閉音節になり，母音字は短音
になります。

　　hăm.mer　bĕt.ter　sĭl.ly　lŏb.by　bŭt.ter　tŭn.nel

　単子音字の場合は，子音字が後ろに付けば前の音節は開
音節，前に付けば閉音節になるので，直前の単母音字は長
音にも短音にもなります。

　長音　stū.dent　nā.ture　Pō.lish　mō.dal　ē.ven　dā.ta
　短音　stŭd.y　năt.ural　pŏl.ish　mŏd.el　sĕv.en　dăt.a

data には dä.ta /dɑ́ːtə/ の発音もあります。ä については後で
説明します。

5.10 黙字による綴り字上の音節構造の調整

　間投詞 ho の発音は hō /hoʊ/。この語を初めて見た人で
も英語の発音が身に付いていれば o は長音で読み，短音
では読みません。o が長音になるのは開音節にあるためで，
go, no, so などと同様に ō /oʊ/ は規則通りの読み方です。

　-ō /oʊ/　gō　hō　lō　mō　nō　pō　sō

ho に p が付いて hop となると閉音節になるため，o は短音 ŏ /ɑ/ になります。

　　長音　　hō
　　短音　　hŏp
　　長音　　hōping

hop に -ing が付き hoping となると o は長音 ō になりますが，これは，p が後ろの母音字とくっ付いて次の音節に移り，ho の部分が開音節になるためです。

　　hō.ping　　← p は i にくっ付き開音節に
　　hŏp.ping　← 重子音字で閉音節に

上に示したように，o を短音 ŏ で読ませる場合には，1 文字分黙字となる重子音字を利用し，綴り字上閉音節になるようにし，hopping と綴ります。
　　2 音節の hoping に対し，-ed の付いた hoped /hoʊpt/ は発音上は 1 音節で閉音節ですが，-ed の e が -ing の i と同じ働きをし，p は -ed にくっ付くので，ho は見かけ上開音節になり，o は長音として読まれます。

　　hō.ping
　　hō.p¢d　　　　¢ は黙字であることを示す
　　hō.p¢　　　← 黙字の e（"マジック e"）で開音節に

母音字で始まる接尾辞が続かない場合，黙字の e（サイレ

　ント e）を添え先行する単母音字が長音であることを示します。この黙字の e のことを「マジック e」と呼ぶことがあります。子供には，e が持つ魔法の力で母音字の発音が変わるんだよ，と説明するわけですが，もちろん魔法ではなく，こんな仕掛けになっているわけです。

　マジック e は，（見かけ上）前の音節を開音節にし母音字を長音にするという点で，他の母音字と同じ働きをしています。次の例をご覧ください。黙字であるかないかに拘わらず，母音字が先行する音節を開音節化し，その音節の母音字 u を長音 ū /juː/ で読ませる働きをしていることがわかります。

開音節　長音 ū /juː/	閉音節　短音 ŭ /ʌ/
tū.bal	tŭb
tū.ber	tŭb.bing
tū.bing	tŭb.by
tū.bule	tŭb.b¢d
tū.by	
tū.b¢d	
tū.b¢	

　上で見たとおり，単母音字の短音・長音に r が続くと母音の発音が変わります。

　短音の変形　ắr　ĕ̌r　ĭ̌r　ŏ̌r　ŭ̌r　ў̌r
　長音の変形　ār　ēr　īr　ōr　ūr　ȳr

元の長音・短音とは発音は変わりますが，長短の決定の仕組みは同じです。

her	her
↓　　　閉音節・短音	↓　　黙字の e で開音節化
hĕr /er/	here
↓　　r による変形	↓　　　開音節・長音
hĕr /ɚː/	hēre /iːr/
	↓　　r による変形
	hēre /ɪɚ/

　長短と音節構造にずれが生じた場合，黙字の e や重子音字 rr を用いて調整します。

cãr	hẽr	fĩr	fõr	cũr
cãre	hẽre	fĩre	fõre	cũre

star に -ing を付ける場合，そのまま付けると stãring /stéərɪŋ/ となってしまうため，r を重ねます（下左参照）。stare の e は長音であることを示すために付けられた黙字の母音字。-ing が付けば不要になるので e を取って -ing を付けます（下右）。

短音の変形	長音の変形
star	sta.re
star.ring	sta.ring

star の発音は /staːr/ と表記されたり，米音が /stɑr/ で英音が /stɑː/ とされることもありますが，長音記号 <:> の有無で綴り方が変わるわけではありません。長母音・短母音を <:> の有無の違いと考え，長母音・短母音の違いで綴

りを捉えようとすると混乱するので気を付けてください。

5.11 複母音字の発音

　複母音字は複数の母音字（通常2字）で1つの音を表します。iとy，uとwを入れ替えた交替形は同じ音を表します。たとえばaiとay，euとewは同じ音を表します。（uyはuiの交替形ではありません。）

複母音字		
	ee	oo
	ea	oa
ai	ei	oi
ay	ey	oy
au	eu	ou
aw	ew	ow
ie	ei	ui

これらは2字で1つの音を表しているのであって，一方が黙字で他方が発音を表すものではありません。

ai /eɪ/　例. rain　mail
○　aとiの2字で/eɪ/を表す
×　aが/eɪ/を表しiは黙字

　同じく母音字が連続していても，複母音字の場合も単母音字の連続の場合もあります。複母音字であることを明示する必要がある場合はタイ記号を用います。

複	creature ea /iː/	field ie /iː/	coinage oi /ɔɪ/
単単	creāte ea /ieɪ/	dīet ie /aɪə/	cōincide oi /oʊɪ/

複母音字は長音を表すのが基本ですが，ea, oo には短音 /e, ʊ/ もあります。長短の区別には長音記号 <‾> と短音記号 <˘> を用い，長音を ēa, ōo, 短音を ĕa, ŏo と表記することにします。

ou, ow には 2 つ発音があり，発音を明示する場合は /aʊ/ を òu, òw, /oʊ/ を ōu, ōw とし表記し分けます。o のみに記号が付けられていますが，u, w とセットの複母音字であることに注意してください。bòw /baʊ/「お辞儀」，bōw /boʊ/「弓」のように同じ綴りで発音が異なるものもあります。

ee	/iː/	see bee tee	oo	/uː/	pool boom boot
ea	/iː/	sea pea tea		/ʊ/	look took
	/e/	head dead	oa	/oʊ/	boat goal cocoa
ai	/eɪ/	mail sail rain	au	/ɔː/	laud cause pause
ay	/eɪ/	may say ray	aw	/ɔː/	law caw paw
ei	/eɪ/	feint rein vein	eu	/juː/	feud
ey	/eɪ/	they obey survey		/(j)uː/	deuce neutral
oi	/ɔɪ/	boil toil coin join	ew	/juː/	few hew
oy	/ɔɪ/	boy toy coy joy		/(j)uː/	dew stew
ie	/iː/	field niece piece		/uː/	flew grew chew
ei	/iː/	receive receipt	òu	/aʊ/	foul found ground
ui	/(j)uː/	suit	òw	/aʊ/	bow how; down owl
	/uː/	fruit juice	ōu	/oʊ/	soul shoulder
			ōw	/oʊ/	bow sow; own bowl

　yは単母音字としても使われますが（e.g. cry, study），wに単母音字の用法はなく，a, e, o と組み合わせた複母音字 aw, ew, ow の形で用いられます（e.g. law, few, cow, low）。

5.12 複母音字と単母音字＋黙字 e の違い

　すぐ上で見た〈複母音字〉と次の〈単母音字＋黙字 e〉はどちらも2字で発音が長音となるため同じように見えますが，別のものです。

単母音字＋黙字 e

ie /aɪ/　tie pie die lie　　oe /oʊ/　toe doe hoe roe
ye /aɪ/　bye dye rye　　ue /(j)uː/　blue true cue sue

次のように並べて見ると，ay /eɪ/, ee /iː/, ie /aɪ/, ue /juː/, uː/ はどれも同じように2字で1つの長音を表しているように見えますが，仕組みは異なります。

say /seɪ/　see /siː/　　複母音字
tie /taɪ/　sue /s(j)uː/　単母音字 i, u ＋黙字 e

　ay, ee が /eɪ, iː/ と長音になるのは2文字使った複母音字だから。母音字それ自体で直接長音であることを示しているので，子音字が続いて閉音節になっても長音のままです（ay は語中では ai）。

raid　　rain　　mail

seed　　teen　　steel

　一方，ie, ue は単母音字 i, u に黙字 e が続いたもので，i, u が長音なのは開音節にあるからです。e ではなく子音字が続けば i, u は短音で読まれます。

開・長　ti.e　di.e　li.e　cu.e　su.e　ru.e　tru.e
閉・短　tin　dim　lit　cut　sum　run　trunk

次の語のように母音字で終われば開音節であることは明らかです。

開・長　a　be　me　no　so　my

しかし，i, u の場合，語末に使えないため e を加えます。

die　fie　hie　lie　pie　tie　vie
blue　cue　due　hue　rue　sue　true

黙字の母音字 e なら開音節構造を崩さずに済みます。間投詞の hi は例外的に i で終わっていますが，同じ発音の「急ぐ」の意味の動詞は e を添え hie と綴って i が語末になるのを避けています。

　こういう事情で添えられる e なので，この ie, ue の組み合わせが現れるのは語末となります。語中の ie, ue は別のもので，e は黙字にはなりません（語中でも cu.es, ti.ed のように 2 つの要素の境界に現れるものは別）。

語中の ie, ue の例（e は黙字にはならない）

複母音字 ie		field	niece	piece
単母音字 i ＋ 単母音字 e		di.et	di.el	a.li.en
単母音字 u ＋ 単母音字 e		cru.el	du.et	du.el

　ay の y はもちろんのこと，ee の 2 番目の e も複母音字の一部であり黙字ではないので，接辞を付けるときも残ります。

saying　paying
seeing　freeing　←　×seing　×freing

一方，ie, ue の e は黙字なので，-ing のように母音字で始まる接辞が付けば不要となります（ii → yi については☞ pp. 160-161, 171-172, 192-194）。

-ie　tying　dying　（di.e → di.ing → dy.ing）
-ue　cuing　gluing

（cue のように短い語の場合，語を認識しやすくするために e が残される場合があります。）

　このように〈複母音字〉と〈単母音字 ＋ 黙字 e〉は，一見同じもののように見えますが，発音の仕組みは異なり，出現位置や接辞付加の際の操作にも違いが生じるため，区別して扱う必要があります。

　複母音字の発音は長音が基本です。２文字で綴ることで長音であることを示しているので，閉音節でも長音です。

　be は開音節で，単母音字の e は長音 ē /iː/。d が付いて bed になると閉音節になり，e は短音 ĕ /e/ で発音されます。

　　開・単・長　be　　ē　/iː/
　　閉・単・短　bed　ĕ　/e/

これに対して，複母音字 ee はそれ自身で長音を表しているので，bee に p が付いて閉音節になっても ee は長音のままです。

　　開・複・長　bee　　ee　/iː/
　　閉・複・長　beep　ee　/iː/

　長音の ēa, ōo だけでなく短音の ĕa, ŏo も綴り字上は他の複母音字と同じ扱いになり，-ing などの接辞を付ける際，重子音字は用いません。（下の単母音字 ŭ, ù はそれぞれ /ʌ, ʊ/ を表す短音。）

　単・短　bĕd　bĕdding　-dd-　　単・短　cŭt　cŭtting　-tt-
　複・短　hĕad　hĕading　-d-　　単・短　pùt　pùtting　-tt-
　複・長　bēad　bēading　-d-　　複・短　fòot　fòoting　-t-
　　　　　　　　　　　　　　　　複・長　bōot　bōoting　-t-

　なお，１音節語の単母音字・短音に続く語末の /f, s, l,

k/ には重子音字（k の重子音字は ck）を用い stiff, stress, pull, shock のように綴りますが，shook の oo は短音でも複母音字であるため，/k/ は ck ではなく単子音字 k で綴られます。

shock ŏ　単母音字・短音＋重子音字 ck
shook o͞o　複母音字・短音＋単子音字 k

5.14 複母音字＋r の発音

単母音字・長音 ē /iː/ に r が続き ēr /ɪə/ となったように，複母音字・長音 ee /iː/ に r が続くと eer /ɪə/ となります。

単・長　ē /iː/　＋r　→　ēr　/ɪə/　here
複・長　ee /iː/　＋r　→　eer　/ɪə/　beer

単・長　ā /eɪ/　＋r　→　ār　/eə/　hare
複・長　ai /eɪ/　＋r　→　air　/eə/　hair
複・長　ei /eɪ/　＋r　→　eir　/eə/　heir

単・長　ō /oʊ/　＋r　→　ōr　/ɔə/　sore
複・長　oa /oʊ/　＋r　→　oar　/ɔə/　soar

ear の発音には e͞ar /əː/ もあります。ear の後ろに子音字が来れば /əː/，そうでなければ /ɪə/ が基本ですが，beard /bɪəd/ のように例外もあります。

131

複母音字 + r					
/ɪə/	eer	deer beer career	/ʊə/	oor	poor moor
	ear	ear dear fear year	/jʊə/	eur	euro neuron
	ier	tier cashier bier	/aʊə/	our	our hour sour
/ɔə/	oar	soar board hoarse			
/eə/	air	air hair chair			
	eir	their heir			

ēar /ɪə/　　hear　dear　spear

ȇar /ɚː/　　heard　earth　pearl

比較

ȇr　　her　　単母音字 e + r は短音（の変形）

ēr　　here　　＋母音字 e で長音に

ēar　　hear　　複母音字 ea + r は長音（の変形）

ȇar　　heard　　＋子音字で短音に

bear, heart のように，ear には ār /eə/, ȃr /ɑə/ に相当する
ものもありますが，子音字が続けば短音相当というパター
ンは同じです。

ear (ār) /eə/　　bear　pear　wear

ear (ȃr) /ɑə/　　heart

tear は語によって発音が異なります。

tear /tɪə/　　涙

tear /teə/　　引き裂く

なお，door, floor の oor /ɔə/ は例外です。poor, spoor に

は /ɔɚ/ の発音もあります。

5.15 第 2 長音

a, e, i, o, u が上で見た長音とは別の長音を表すことがあります。本書ではこれを「第 2 長音」と呼ぶことにします。これまで「長音」と呼んだ音価を第 2 長音と区別して指すときには，「基本」を付けて「基本長音」と呼ぶことにします。第 2 長音は <¨> を付けて基本長音 <¯> と区別します。

基本長音		第 2 長音		
ā	/eɪ/	ä	/ɑː/	mä	father lager 英 tomato glass bath
ē	/iː/	ë	/eɪ/	cafë	fiance suede re
ï	/aɪ/	ï	/iː/	machïne	police marine trio mi
ō	/oʊ/	ö	/ɔː/	米 cöst	米 long cloth dog
ū	/juː/	ü	/uː/	blüe	true rule glue cruel June
ȳ	/aɪ/	—			

第 2 長音が用いられる理由はいろいろです。他の言語で a, e, i, o, u で表される音が，英語の短音 ă, ĕ, ĭ, ŏ, ŭ とは異なる音で，英語の近い音に置き換えると，長音になることがあります (e.g. 独 Lager, 仏 suède)。類似の音が短音にあっても，開音節では用いることができないため，似た長音に書き換えられることもあります。たとえば，英語に ĕ /e/ という短音はありますが，開音節に現れることはできないため，似た発音の /eɪ/ になり，これが第 2 長音 ë /eɪ/ になります (e.g. 仏 café; fiancé; 伊 re〔ドレミの〕レ)。

u /juː/ の /j/ は /r, l, s/ などの子音の後で脱落することが

あり，第2長音の /u:/ となります。これは u の長音だけではなく，他の /ju:/ を表す eu, ew, ui でも同じです（e.g. pharmaceutical, brew, fruit）。

a は米音で短音のところ，英音では第2長音の ä になることがあり，逆に o は英音では短音で米音で第2長音になるものがあります。発音は長音にあたる音になりますが，綴りは短音と同様の扱いがされます。log は英音 /lɔg/，米音 /lɔ:g/ で，米音では o は第2長音となりますが，アメリカでも接辞を付けるときには短音扱いで，logged, logging, logger のように重子音字が使われます。

5.16 c と g の発音：軟音と硬音

c と g には軟音（soft c, soft g）と硬音（hard c, hard g）があります。前母音字 e, i, y の前では軟音，それ以外は硬音が原則です。

c は前母音字 e, i, y の前では軟音 /s/，それ以外では硬音 /k/ となります。軟音 /s/ はċで，硬音 /k/ はč で表すことにします。

　軟音　ċ /s/　center　city　policy
　硬音　č /k/　cat　cost　cut; clean; music

問題となるのは「前母音字」であって「前母音」でない点に注意してください。

　前母音　　音の種類
　前母音字　文字の種類

ace, dance の e は黙字で音は何も表していませんが，文字としては前母音字で，直前の c は軟音の ċ /s/ になります。case /keɪs/ の a の発音は /eɪ/ で前母音（前舌母音）ですが，文字としては後母音字です。前母音字ではないため，c は硬音 č /k/ となります。

　ur と er は発音は同じ /ɚ/ でも，u は後母音字で e は前母音字なので，前の c の発音は変わります。そのため，certain の c は軟音になりますが，curtain の c は硬音になります。

　　čurtain /kə́ːtən/　後母音字 u の前なので c は硬音 /k/
　　ċertain /sə́ːtən/　前母音字 e の前なので c は軟音 /s/

　deca-（10）の c は後母音字 a の前なので硬音 č /k/，deci-（1/10）の c は前母音字 i の前なので軟音 ċ /s/ となります。

　　děča- /dékə/　　　a は後母音字，c は硬音 /k/
　　deċi- /désɪ, désə/　i は前母音字，c は軟音 /s/

a, i の発音が同じ /ə/ となっても，a は後母音字，i は前母音字であり，その違いにより c の音価が異なることになります。

　specific に前母音字で始まる -ity が付くと c は軟音に変化しますが，-ation は後母音字で始まるので c は硬音のままです。

specific̆　　/spəsífɪk/
specificity　/spèsəfísəti/
specific̆ation /spèsəfɪkéɪʃən/

speculation と specification の 4 文字目の c は，前者では後母音字 u の前で硬音，後者は前母音字 i の前で軟音ですが，spec とすると違いがなくなり，どちらの略語としても c は硬音になります。

specŭlation　/spèkjəléɪʃən/　u は後母音字，c は硬音
specific̆ation /spèsəfɪkéɪʃən/　i は前母音字，c は軟音
spec̆　　　　/spek/　　　　語末では c は硬音

music, magic の硬音 c̆ /k/ は，-ian が付くと軟音 c̀ /s/ になり，弱音節で口蓋音化し /ʃ/ になります。

music̆　/mjúːzɪk/　　magic̆　/mǽdʒɪk/
musician /mjuːzíʃən/　magician /mədʒíʃən/

参考 s, c /s/ の口蓋音化

/-s/	discuss	express	confess	office	face
/-ʃ-/	discussion	expression	confession	official	facial

g は前母音字 e, i, y の前では軟音 ġ /dʒ/，それ以外では硬音 ğ /g/ が基本です。c と同様に硬音であることを明示的に示すのに <˘> を用います。

軟音　ġ /dʒ/　　gentle　giant　gym
硬音　ğ /g/　　gap　golf　gut;　green;　big

　c に比べ g では例外が多く，同じ綴りで硬音 ğ，軟音 ġ
両方の発音があるものもあります。

gill　/gɪl/　　えら，ひだ
gill　/dʒɪl/　　ジル（液量の単位）
Gill　/gɪl/　　＜　Gilbert /gílbɚt/
Gill　/dʒɪl/　　＜　Gillian /dʒílian, -ljən/

最近作られた略語の GIF には 2 通りの発音があります。

GIF /gɪf, dʒɪf/　　＜　Graphics Interchange Format

　同じ綴りで硬音と軟音があるぐらいなので，軟音か硬音
かは規則では判断できず単語ごとに覚える必要があります
が，よく目にする基本的な語や，外来語として日本語に入
っている語では，識別は容易です。

ğ /g/　　girl　give　gift　gear　get　girdle
ġ /dʒ/　　gin　ginger　giant　gentle　gym

しかしそれ以外の語，たとえば次のような語では厄介な問
題となります。

ğeek　ğeezer　ğeld　ġelid　ġem　ġeneric　ġenet　ġenome
ġenomics　ġenuflect　ġenus　ġerontic　ġestate

ġibber ġibbet ğibbon ğibbous ġibe ġiblets ğig
ġiğantic ğild ğimlet ğimmick ğimp ġiraffe ğird
ğirth ğist ğizmo ğizzard
ġybe ğynaecology ġyp ġypsum

　gに比べてcに例外が少ないのは，前母音字の前で/k/
と読ませたければkを使えばよく，cを用いなくても済む
ためです。

keep kennel kettle 　　cat 　cent cattle
kind kiss kite skit 　　kitten Kent kettle
sky cooky jerky husky

これに対し，/g/を表す文字はgしかなく，前母音字の前
で他の文字に置き換えることができないため，例外が多く
なります。

ğ /g/ girl gift gear girdle
ġ /dʒ/ gin ginger giant gentle gym

活用形では後続母音字が前母音字となっても/g/に対しそ
のままgを使うこともあります。

ğ /g/ 後母音字 gave got goose
　　　　前母音字 give get geese

　活用形，派生形でもcとgで違いが出ます。活用形を作
る際に用いられる接辞は「屈折接辞」，新しい語を作る接

辞は「派生接辞」と呼ばれますが，上で見た -ity, -ian の
ように語幹の発音を変えるものは派生接辞です。

specific	/spəsífɪk/	critic	
specificity	/spèsəfísəti/	criticism	
music	/mjú:zɪk/	criticize	
musician	/mju:zíʃən/		

派生接辞にも語幹の発音を変えないものがありますが，そ
れらと屈折接辞で前母音字で始まるもの（-ing, -ed, -er, -y
など）を付けるときは，c の軟音化を防ぐために k を付け
ます。

pánic	tráffic	例外
pánics	tráffics	arc(k)ed
pánicked	trafficked	arc(k)ing
pánicking	trafficking	sync(h)ed
pánicky	tráfficker	sync(h)ing

k の付加が音節構造の調整（短音強音節の閉音節化）のため
ではないことは，強勢の位置からわかります。

最後の音節に強勢があり 子音字を重ねる	最後の音節に強勢がなく 子音字を重ねない
be.gín	vís.it
be.gín.ning	vís.i.ting
be.gín.ner	vís.i.tor

pánic, tráffic の -ic に強勢はないので，vísiting, vísitor で重子音字が用いられないのと同様に，音節構造の調整という観点からは接辞付加の際に重子音字を用いる必要はありません。panicky, trafficking などで重子音字の ck が用いられるのは，c が軟音で読まれるのを防ぐためということになります。

　c と違い，g の場合このような処理はできないため，語末の g の後に前母音字で始まる接辞が付く場合でも，そのまま付加されます。

chang̍e	e の前で ġ /dʒ/	sin͡g	語末で -ng /ŋ/
chang̍ing	i 〃	sin͡ging	i の前でも -ng /ŋ/
chang̍er	e 〃	sin͡ger	e 〃

ほとんどの場合，-nging, -nged, -nger の ng は単語中では /ŋ/ か /ndʒ/ のどちらか一方に決まるので問題になりません。

　k の重子音字は kk ではなく ck です。単音節語の単母音字・短音の後の /k/ は c, k ではなく ck で綴られます。

pick　lick　back　　cf.　topic　public　maniac

/k/ が重子音字の ck で綴られるのに対し，/g/ では単子音字 g です。

tack	peck	pick	lock	ruck
tag	peg	pig	log	rug

母音字で始まる接辞を付ける際，重子音字 ck ではそのま

ま付ければよいのに対し，単子音字 g では，音節構造の調整のため g を重ねます。

```
tac.ked    tac.king    tac.ker
tag.ged    tag.ging    tag.ger
```

-ked, -king, -ker なら「前母音字の前では軟音」の例外とならないのに対し，-ged, -ging, -ger では例外となります。これも /g/ を表す文字が g しかないためです。

　フランス語では e, i の前で g を硬音で読ませるために後母音字の黙字 u を挿入します。この綴り方は英語に影響を与え，フランス語からの借入語だけでなく，本来語やラテン語由来の語にも適用されました。

```
guise  guide  guess  guest  guilt  guild  plague
```

この方法は一律には適用されなかったため，girl のように前母音字の前で g が硬音となるものが残りました。

　イタリア語では e, i の前で c, g は /tʃ, dʒ/ と読まれます。

ドルチェ　グッチ　ダ・ヴィンチ　カルパッチョ　ジェラート　ジェノヴェーゼ
dolce Gucci da Vinci carpaccio gelato genovese

それ以外では /k, g/ です。e, i の前で c, g を /k, g/ と読ませるには h を挿入します。

```
spaghetti    gh /g/
Pinocchio    ch /k/
```

スパゲティーはつい spagetty と綴りたくなりますが，正しくは spaghetti。イタリア語からの借入語（spaghetto の複数形）で，h は e の前で g を [g] と読ませるためのものです。Pinocchio の chi は /tʃɪ/ と読みたくなりますが，発音は /kɪ/ です。

なお，スタジオジブリ Studio Ghibli の名称にある ghibli は英語では gibli とも ghibli とも綴られますが，発音は /gíbli/ です。g の後に h が入るのは今見たイタリア語の正書法によるものですが，Wikipedia によると†，「ジブリ」と ghi をギではなくジと読むのは宮崎駿の思い込みによるものだそうです。

† https://ja.wikipedia.org/wiki/%E3%82%B9%E3%82%BF%E3%82%B8%E3%82%AA%E3%82%B8%E3%83%96%E3%83%AA ［アクセス 2023/04/15］

5.17 文字の音価と名称：
A, B, C はなぜエー，ビー，シーか

「アルファベット，ローマ字，ラテン文字」は文字種の名称ですが，漢字，平仮名などと違い，アルファベットでは1つ1つの文字に名称があります。

アルファベットの基となったギリシャ文字では文字の名称はこうなっています。

A α alpha アルパ，アルファ
B β beta ベータ
Γ γ gamma ガンマ

この名称はフェニキア文字のものを引き継いだものと考えられていますが，付け直すにしてもこのように先頭の音が文字の音価と同じだと覚えやすいので，英語でならたとえばこんなふうに名前を付けることも考えられます。

| A a | ace | エース | K k | king | キング |
| J j | jack | ジャック | Q q | queen | クイーン |

K と Q は同じ /k/ を表す文字ですが，このやり方なら K は king，Q は queen となり，区別することもできます。こういう命名方法も考えられるわけですが，アルファベットではこの方法は取られていません。

　音価と同じ語頭音の名称を選ぶのではなく，音価それ自体を名前としてしまう方法も考えられます。仮名では文字の音価を名前代わりに使っていました。現在日常的に用いられている仮名は基本的に1字1音で，音価により文字を同定することが可能であるため，名称のように使うことができます。たとえば「あ」という文字なら /a/ という音を表し，/a/ という音の平仮名は「あ」のみなので /a/ を文字の名称のように使えます。/o/ を表す平仮名には「お」と「を」がありますが，区別が必要なときには「わ行の」とか「助詞の，鉤の，くっつきの」などを付け区別しています。また，「あ」だけでなく「ア」の可能性もある文脈なら「平仮名の」「片仮名の」を付ければ区別できます。

　アルファベットの文字の命名法も，基本的に，この音価を名称とするやり方です。あれ，仮名と違ってアルファベットでは文字の名称と音価は違うから，話は違うのではな

いか，と思った人も多いと思います。なぜ違うように見えるのか。それは，仮名が音節文字であるのに対し，アルファベットが母音と子音を別々に表記する単音文字であるという違いから来ています。

　仮名は音節文字で基本的に母音が入るため，どの文字も単独で発音するのは容易ですが，アルファベットは母音と子音を分けて表記する文字で，子音字は単独では発音しにくく響きにくいので，母音を添え呼びやすくします。

　歴史的にはラテン語で既にこの方式の名称になっており，英語はそれを引き継いだわけですが，途中の経緯は飛ばして，以下，現代英語を基に説明します。

　子音字 B, b の場合，名称と音価はこうなります。

　B, b　名称　/biː/ (bē)
　　　　音価　b /b/　big

名称は音価 /b/ に基づいています。発音しやすいように母音(字)の e /iː/ を添え bē /biː/ とします。母音が短音の ĕ /e/ ではなく長音の ē /iː/ なのは開音節だからです。

　子音字 F, f の名称は /ef/ で音価は /f/ です。

　F, f　名称　/ef/ (ĕf)
　　　　音価　f /f/　　fit

名称の /ef/ は音価の /f/ に e の短音 ĕ /e/ を付けたもの。e が短音なのは後ろに子音 /f/ が続き閉音節となるためです。

　子音字 C, c には基本的な音価が2つあるので少し話が複雑になります。音価は /k/ または /s/ で，名称は /siː/ で

す。

C, c　名称　/siː/ (cē)
　　　　音価　č /k/　　cat
　　　　　　　ċ /s/　　center

c は前母音字 e, i, y の前では軟音 ċ /s/，その他では硬音 č /k/ で発音されます。

　軟音　ċ /s/　center　city　spicy
　硬音　č /k/　cat　corn　cut; clean; public

名称の ce では，c が e の前にあるため軟音の ċ /s/ で発音され，開音節であるため e は長音の ē /iː/ となります。
　　母音字の場合，さらに複雑になります。A, a の名称は /eɪ/ で，音価は /eɪ, ɑː, æ, ɪ(i), ə/ です。音価は強勢があるかないか（強母音か弱母音か）で大きく異なります。

A, a　名称　/eɪ/ (ā)
　　　　音価　ā /eɪ/　mate　　ä /ɑː/　father　　ă /æ/　mat
　　　　　　　à /ɪ/　village　　a /ə/　sofa

A, a の名称は強勢がある場合の音価の 1 つである長音 ā /eɪ/ から。子音字と違い母音字はそれ自身で母音を表すため発音しやすく，そのまま読めばいい。a は開音節であるため長音 /eɪ/ で読まれることになります。名前だから当然強く読み，強母音が用いられます。
　　mate, same の ā /eɪ/ の発音は文字 A, a の名称と同じこと

から「名前読み」と呼ばれることがありますが，mate, same の長音 a は文字の名称で読んでいるのではなく，逆に a の名称のほうが長音に基づいているという関係です。不定冠詞 a が /eɪ/ と読まれるのも開音節だからでしたが，A, a の名称と同じ発音になるのは偶然ではなく，どちらも開音節の強母音だからです。代名詞 I の発音が文字 I, i の名称と同じになるのも同じ理由からです。

このように母音字 A a, E e, I i, O o, U u, Y y の名称は各文字の長音 ā, ē, ī, ō, ū, ȳ に基づきます。

フォニックスでは母音字の「名前読み」は出てきても，子音字の「名前読み」の話は出てきません。UN, USA, BBC などの略語は別として，語中で子音字を「名前読み」することはないためですが，その理由も文字の名称の仕組みを知ればわかります。母音字は単独でも発音しやすく聞き取りやすいので発音をそのまま名称として使えますが，子音字の名称は，単語中で用いられる発音では呼びにくいので呼びやすいように母音を付けたもので，子音字の名称と語中での発音が異なるのは当然ということになります。

各文字の名称を次のように綴ってみると，母音字部分の発音，c, g の発音などが一般的なパターンに従っていることがわかります。

ā	bē	ċē	dē
ē	ĕf	ġē	(h)
ī	jā	kā	ĕl	ĕm	ĕn
ō	pē	qū	âr	ĕs	tē
ū	vē	(w)	ĕx	wȳ	zē/zĕd

基本的に，母音字はそのまま，子音字には母音字を前か後ろに追加して綴り，規則に従って読むと文字の名称となることがわかります。

　KとQの音価は同じ /k/ ですが，添える母音(字)が異なるので区別できます。元のラテン語でもCは /k/ を表しましたが，ce, ka, qu と母音(字)が違うので区別が付きました。Cの発音が /s/ となっても，Sの名称とは母音の違い，付く位置で区別できます。

K (kā)　/keɪ/　C (ċē)　/siː/　G (ġē) /dʒiː/　I (ī)　　/aɪ/

Q (qū) /kjuː/　S (ĕŝ)　/es/　J (jā) /dʒeɪ/　Y (wȳ) /waɪ/

GとJも添える母音(字)が違うので区別できます。Yの名称は子音字としての音価 /j/ ではなく，母音字としての音価に基づいていますが，長音 /aɪ/ そのままではなく /w/ を付けることでIと区別しています。

　文字の名称の基となる綴りが示されることがないため，名称と語中での発音は別のものと考えられやすいのですが，恣意的に決められたものではなく，綴りと発音の規則に従った読みを名称としています。

　上では説明していないこともありますが，さらに詳しく知りたい方は大名 (2021)『英語の綴りのルール』pp. 36-37，大名 (2014)『英語の文字・綴り・発音のしくみ』第III章 pp. 64-66，第VI章 pp. 151-155をご覧ください。

6.1 弱音節の母音字の発音

ここまでは強音節の母音字の発音について見てきました
が，今度は弱音節の母音字の発音について確認しましょう。

母音字 e の場合（記号の意味は後述）

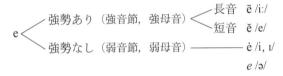

第一部第 4 章「英語の音節」で，英語のアクセントは強
勢アクセントで，強勢のある音節とない音節では発音が大
きく異なることを見ましたが，綴りの音価を考える上でも
両者の区別は重要です。

強音節に現れる強母音には長音と短音がありましたが，
強勢がないと母音は弱化し，「弱母音」と呼ばれる音にな
ります。

弱母音		例
/ə/	*a e o u ou* ...	*a*gó fú*e*l lém*o*n álb*u*m fám*ou*s
/ɚ/	*ar er ir or ur yr*	lí*ar* tí*er* elíx*ir* érr*or* áug*ur* sát*yr*
/i, ɪ, ə/	*i y* ė	vís*i*t cóok*i*e cít*y* rèmínd símil*ė*
	ai ay ey à	cért*ai*n Súnd*ay* món*ey* prív*a*t*e*
/(j)u, (j)ʊ, (j)ə, (j)ɚ/	*ū eu ūr*	cúm*u*late ridíc*u*lous pn*eu*mónia fíg*u*re fail*u*re procéd*u*re

ここでは弱母音はイタリックで表します。ėとàは点を付けて表していますが，どちらも弱母音ではiのような音/i, ɪ, ə/になるので，iの点が付くと考えれば覚えやすいですね。ėとàも弱母音なのでイタリックにしてもいいですが，しなくても <˙> が付いていれば弱母音であることはわかります。

　ar, er などを /ɚ/ を表す文字の組み合わせとして示しましたが，母音が後続しrが /r/ として発音される場合は，*a* /ə/ + r /r/, *e* /ə/ + r /r/, ... と解釈することも可能です。cure などの ur は強勢があり *ūr* /jʊɚ/ ですが，これが弱化すると *ūr* /jɚ/ になります。/i, ɪ/, /(j)u, (j)ʊ/ の違いは現れる位置によります。/ɪ/, /(j)ʊ/ は弱化すると /ə/, /(j)ə/ になります。

6.2 強勢の有無，音節構造と長音・短音の対立

　強音節の単母音字の発音は，閉音節では短音，開音節では長音となりますが，強勢がなく弱化すると弱母音になります。不定冠詞a, an の発音も，強勢があると a は長音の ā /eɪ/, an は短音の ăn /æn/ ですが，強勢がないとどちらの母音も弱母音 *a* /ə/ となり，長音・短音の対立がなくなり

ます。

		強勢あり	強勢なし
開音節	長	ā /eɪ/	弱 *a* /ə/
閉音節	短	ăn /æn/	弱 *an* /ən/

このように，強勢があるときには明確な音節構造による長音・短音の対立が，強勢がなく弱化すると，なくなるか不明瞭になります。

　sit は閉音節で i は短音。site では黙字の e により，見かけ上 si が開音節になり（sī.te），i は長音となります。

sít　　-ĭt　　/ɪt/
síte　-īte　/aɪt/

しかし，**強勢がないと e は長音標識として働きません。**

vísit　　　-ĭt　　/ɪt/
ópposite　-īte　/ɪt/

suffice /səfáɪs/, sacrifice /sǽkrɪfàɪs/ では語末の e は i の長音標識（かつ c の軟音標識）ですが，office では i に強勢はないので，e に長音標識としての働きはありません。

suffíce -īce /aɪs/　←i に強勢があり，e は i の長音標識
óffice　-īce /ɪs/　←i に強勢はなく，e は i の長音標識ではない

強勢の有無は -ing などの接辞を付ける際の綴りに影響
を与えます。単音節語の sit, site はどちらも i に強勢があ
るため，i の音価（長短）に合わせ綴り字上の音節構造を
調整します。

　　sĭt
　×　sĭ.ting　← 強勢のある短音 ĭ が開音節に生じている
　　sĭt.ting　← t を重ねて閉音節にする

　　sī.te　　 ← 黙字 e により ī は見かけ上開音節になる
　　sī.ting　← ing が付けば e は不要になる

多音節語では最後の音節の強勢が問題となります。強勢が
あれば音節構造の調整を行い，なければ調整は行いません。

　　be.gín
　×　be.gĭ.ning　← 強勢のある短音が開音節に
　　be.gĭn.ning　← n を重ねて閉音節に

　　vís.*it*
　　vís.*i*.ting　← 強勢がなく開音節でも長音にならない

6.3 無強勢の -ate, -ure の e の働き

　次のように品詞によって強勢のパターンが変わることが
あります。

動　expérimènt　-mĕnt /ment/

名　expériment　-me*nt* /mənt/

次の語でも品詞により強勢のパターンが変わります。

動　gráduàte　-āte /eɪt/

名　gráduate　-*a*te /ət/　-àte /ɪt/

動　-āte /eɪt/　sýndicàte　cértificàte

名　-*a*te /ət/　sýndicate　cértificate

動　-āte /eɪt/　apprópriàte　séparàte

形　-*a*te /ət/　apprópriate　séparate

同じ品詞で異なる発音があるものもあります。

名	cándidàte	-dāte /dèɪt/	動	délegàte	-gāte /geɪt/
	cándid*a*te	-d*a*te /dət/	名	délegàte	-gāte /geɪt/
				déleg*a*te	-g*a*te /gət/

これらの語において，最後の音節に強勢がありaが長音
/eɪ/ となっている場合はeが長音標識として働いているこ
とは明らかですが，強勢がなく弱化し /ɪ, ə/ となっている
場合にはeの働きは不明瞭になります。

　しかし，強勢がない場合でも語末のeは先行母音字のa
の音価と無関係ではありません。第1強勢のない語末の
-at は，機能語の at, that を除き，弱母音化しません。

-ăt /æt/　format　acrobat　democrat　diplomat　aristocrat

つまり a が弱母音 /ɪ, ə/ となるのは語末に e がある場合のみで，e の有無で発音が変わることになります。

強勢あり　短音　-ăt /æt/　　　長音　-āte /eɪt/
　　　　　　　　↓　　　　　　　　　　↓
強勢なし　　　　×　　　　弱母音　-àte /ɪt/, -ate /ət/

-ate　prívate　chócolate　clímate

-àte, -ate /ɪt, ət/ は黙字 e により長音化した -āte /eɪt/ が弱化したものということになります。この「隠れマジック e」とも呼べるものは -ate に限らず広く見られます。

-age　víllage　sáusage　advántage
-ace　nécklace　pálace　súrface
-ase　púrchase

-ure, -ur でも e の有無は発音に影響を与えます。e のない ur では母音は弱化し /ɚ/ となるだけですが，ure は強勢があれば ure /jʊɚ/ になるものが弱化し /jɚ/ となるため，/j/ が入ります。前が t, d, s, z となるケースが多く，/j/ と一緒になって /tʃ, dʒ, ʃ, ʒ/ になり，ur と ure では発音に違いが出ることになります。

ur　/ɚ/　　　　　　　　　Arthur Excalibur augur bulgur femur
　　　　　　　　　　　　　lemur murmur sulfur

ure	/jɚ/	figure failure
	/(tʃ)ɚ/	adventure capture creature culture
		furniture future gesture lecture
		literature mixture moisture nature
		picture structure temperature venture
	/(dʒ)ɚ/	procedure
	/(dʒ)ɚ, (d)jɚ/	ordure rondure verdure
	/(ʒ)ɚ/	pleasure treasure leisure measure
		closure seizure
	/(ʃ)ɚ/	pressure censure

6.4 強音節と弱音節の区別の重要性

　英語では，母音字の音価や綴りを考える際に強勢の有無の区別は重要です。次の例からもわかるように，同じ綴りでも強勢の有無で発音が変わります（ȧ /ɪ/ は a /ə/ になることもありますが，ここではまとめて ȧ で表します）。

ate	強	āte /eɪt/	late　mate
	弱	ȧte /ɪt/	private　chocolate
age	強	āge /eɪdʒ/	age　page　stage
	弱	ȧge /ɪdʒ/	village　cottage
ain	強	ain /eɪn/	main　ascertain
	弱	ain /ən/	captain　certain

　強勢の有無を考慮に入れて綴りと発音の関係を考察すると，見え方が変わってきます。たとえば，field「フィールド」の ie と，cook<u>ie</u>「クッキー」の ie は一見同じものに

見えますが，前者は強音節に，後者は弱音節に現れており，区別が必要になります。前者は強音節に現れる複母音字長音の ie /iː/ で，後者は弱音節に現れる i の弱母音 i /i/ に黙字の e が付いたものです。

field　　強音節　複母音字　長音 ie /iː/
cookie　弱音節　単母音字　弱母音 i /i/ + 黙字の e

i に黙字 e が付くのは i は語末に使えないという制約のためです。したがってこの ie は語末に現れることになりますが，強音節の複母音字 ie は語中に現れるため，両者は使われる位置が異なります。

　なお，語末に現れる〈単母音字 i + 黙字の e〉は，強勢が来ると単母音字 i が長音となるため，まったく別の発音になります。

強勢付き ie
・語中　複母音字（長音）/iː/　　　　　piece niece field
・語末　単母音字（長音）/aɪ/ + 黙字 e　pī.e tī.e lī.e dī.e

次の ey も一見同じものに見えますが，別の扱いが必要になります。

強　key
弱　monkey　money　jockey　journey　valley

monkey の ey は弱音節に現れる ey /i/ で規則的ですが，強音節では ey の発音は /eɪ/ が普通です。

156

they　obey　convey　survey　prey　purvey　grey

強音節で ey /iː/ と読む key は例外として扱ったほうが，規則が捉えやすくなります。

English, eraser の語頭の ė /ɪ/ も一見同じもののように見えます。

強	例外	Énglish	Éngland
弱	規則的	ėráser	cóllėge	wántėd	intérprėt

しかし eraser の ė /ɪ/ が弱音節に現れる規則的な発音であるのに対し，English では強音節で，/ɪ/ の発音は不規則で例外です。English, England の語頭の母音は元々 /e/ と発音されていたのですが，/ɪ/ に変化したときに発音に合わせて綴りを変えることをせず，不規則な綴りとなってしまったものです。

　英語の発音において強勢が重要であるのはもちろんですが，綴りの音価を考える上でも欠かすことのできない重要な要因であることがわかります。

6.5 内容語の文字数：
eg, ow ではなく egg, owe と綴る理由

　伝統的な語は 3 文字以上で綴られます。文字数が足りない場合は，黙字を加えるなどして 3 文字にします。a, an, I, my, he, be, is, go, so, in, at, to などは 3 文字に足りませんが，機能語（代名詞，前置詞，接続詞，助動詞など，意味

が軽く主に文法的な形式を整える働きをする語）や一部の頻度の高い語は例外で，2文字以下でも認められます。意味的に軽い語は短くても OK ということになります。

次の場合，開音節なので母音字は長音になります。

tī   dī   dȳ   rȳ   tō   dō   dū

発音上はこれでよいわけですが，3文字に満たないので，これらが内容語（名詞，動詞，形容詞など，主として語彙的意味を表す語）であれば，黙字の e を末尾に加えて文字数を増やします。/haɪ/ が間投詞なら hi でいいですが，動詞なら e を付け hie と綴ります。

tī.e   dī.e   dȳ.e   rȳ.e   tō.e   dō.e   dū.e
cf.   dī.*al*   trī.*al*   lī.*on*   pō.*em*   dū.*al*   dū.*et*

母音字の e を付けても綴り字上先行音節が開音節であることは変わらず，母音字は長音のままです。dial の a は母音字なので，前の di は開音節になり，i は長音で読まれましたが，die の i も後ろが母音字 e で開音節となり長音となるのは同じです。

　od はそのままで ŏd /ɑd/（cf. pod /pɑd/）と読めますが 3 文字には 1 文字足りません。e を加えると音節構造が変わり母音字が長音になるため e は使用できません。

ŏd　　← 閉音節で o は短音
ō.de　← 見かけ上開音節，o は長音に
ŏdd　← 閉音節で o は短音

したがって閉音節構造を維持するには子音字を加えるしかありませんが，英語では共通で使える黙字の子音字はないので，重子音字を利用します。

ădd　ĕbb　ĕgg　ĕrr　ĭnn　ŏdd

固有名詞，外来語を除き英語では ss, ff, ll, ck 以外の重子音字は語末では基本的に使用されませんが，他に方法がないため，これらの語では -dd, -bb, -gg, -rr, -nn が例外的に用いられることになります。leg, bad は ×legg, ×badd と綴らないのに，egg, add で重子音字が使用されるのは，このような事情によります。

　no, so の o は開音節・長音で /oʊ/ と読めます。

nō　sō;　tō.e　tōw　ōw.e

機能語の no や so なら 2 文字でもいいですが, 名詞 /toʊ/ は e を付け tō.e とし 3 文字にします。複母音字 ow を用いた動詞・名詞の tow は 3 文字なので e は不要です。owe は複母音字＋黙字の e で 3 文字にしています。

　機能語相当の be は 2 文字で OK ですが, 名詞 bee は複母音字 ee で 3 文字にします。bee, see などの ee は複母音字で,〈単母音字・長音 e ＋黙字 e〉ではありません。see の語末の e は黙字ではないので, -ing などの母音字で始まる接辞を付けるときにも削除されません (seeing, ×seing)。

　due /djuː/ の e は黙字です。du は 2 文字であるだけでなく, u が語末になるため駄目です。複母音字 ew /juː/ を用いた dew は 3 文字なので e の追加は不要です。y の付いた yew「（植物の）イチイ」も 3 文字で OK ですが,「雌羊」の /juː/ は黙字 e を付け ewe とし 3 文字にしています。

　owe の e は文字数を増やすために加えられた黙字なので, -ing などの接辞が付くと不要になります。

ow.e̱　　aw.e̱　　su.e̱
ow.ing　aw.ing　su.ing

　lie, die の e には〈語末の i を回避する機能〉と〈3 文字にする機能〉があります。どちらの機能から見ても -ing が付けば不要となり削除されます。その結果 liing, diing となりますが, i の連続を避けるため y に替え, lying, dying と綴られます。

li.e → li.ing → ly.ing

di.e → di.ing → dy.ing

dye の e も，本来 -ing を付ければ不要になりますが，die の -ing 形と同じ綴りになることを避け e を残します。singe に -ing を付けるときも，-ing の i は前母音字で g は軟音で読めるので e は不要になりますが，sing の -ing 形と同じにならないよう e を残して singeing と綴るのと同じです。

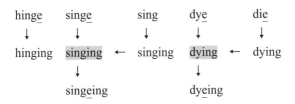

ed /ed/, ad /æd/ は 2 文字ですが，これは education, advertisement の短縮形だからです。

ed < education
ad < advertisement

application の短縮形は /æp/ ですが，p を 2 つ含むため ap だけでなく app と綴る可能性もあります。大学の授業でどちらかと聞くと，綴りを知らなくてもほとんどの学生は app を選びます。英語には -app, -pp で終わる語はありませんが，add, egg, odd などの綴りから習得したパターンに基づき app のほうが自然と判断していることになります。

up, at, in など2字で綴られる語はよく目にしているにも拘わらず，ap よりも app のほうを自然と感じているわけで，無意識のうちに内容語と機能語を区別して捉えていることが窺われます。

by /baɪ/ は機能語なので2文字でも OK ですが，dye /daɪ/（名詞「染料」，動詞「染める」）では黙字の e を添え3文字にしています。shy /ʃaɪ/ は語頭が複子音字 sh で，全体で3文字となるので黙字の e を付ける必要はありません。

「目」を表す eye。y だけで /aɪ/ と読めますが，代名詞の I と違って1文字では不可となります。黙字の e を後ろに付け ye としてもまだ2文字。英語には /aɪ/ を表す複母音字はないため，3文字にするには eye という不規則な綴りにせざるをえません。

eye の -ing には，e を取った eying と e 付きの eyeing があります。どちらの綴りでも意味に違いはありません。

eye　eyed　ey(e)ing

dye の -ing 形では dying（< die + -ing）と同じ綴りになるのを避け e を残しますが，eye の場合，e があってもなくても他の動詞の -ing 形と同じになることはないので，dye とは事情が異なります。toe, hoe の e も3文字にするためのものですが，-ing が付いても黙字 e はそのままで toeing, hoeing とします。このように eye 以外にも短い語では原形の綴りを変えると語が識別しにくくなるため綴りを変えないことがありますが，eyeing の場合もそう捉えることができます。

ax は内容語ですが2字です。英語では x に重子音字は

なく，axx とはできません。x は 1 字で 2 子音を表す例外的な子音字で，e を付け axe としても a は長音にならず，実際，この綴りもあります。ox も 2 字ですが，こちらには oxe の綴りはありません。

6.6 i, u の生起制限と i/y, u/w の交替

y と w は母音字としては i と u に相当する働きをします。

gray　　may　　cry　　now　　browse
grain　　mail　　cried　　noun　　blouse

同じような働きをする i と y ですが，cry に -(e)s, -ed が付くと cries, cried になるように，語中では i で，語末では y と，使い分けがあります。cycle, psychology のようにギリシャ語系の語などでは語中に y が現れることがありますが，語中では i が基本です。しかし，-ing が付くときは語中でも criing ではなく crying となり，y を用います。-ed の場合も，play に付けるときは y は i にならず，plaied ではなく played と綴ります。-ing 形，-ed 形などの作り方は初級で出てきますが，i/y, u/w の書き換えは複雑で，混乱したという人も多いでしょう。この i/y, u/w の書き換えはどういう仕組みになっているのでしょうか。

　i, u は語末，母音字間では避けられ，その位置では代わりに y, w を使用するか，語末であれば黙字の e を添えて語末にならないようにします。

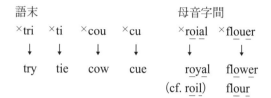

語末　　　　　　　　　　　　　母音字間

×tri　×ti　×cou　×cu　　　　×roial　×flouer
↓　　↓　　↓　　↓　　　　↓　　　　↓
try　tie　cow　cue　　　　royal　flower
　　　　　　　　　　　　　(cf. roil)　flour

tri, cou では i, u が語末になるため，y, w を使って try, cow とします。ti, cu では e を添え tie, cue とし，i, u が語末とならないようにしています。w に単母字の用法はないため，cu を cw にすることはできず，また，ti を ty としても 3 文字になりませんが，cue, tie なら 3 文字の条件も満たし好都合です。

　boil, roil のように oi で /ɔɪ/ と読めますが，roial では i が母音字間になるので y を用い royal とします。flouer では u が母音字間となるので不可となり，w を用い flower とするか，e を削除して flour とします。

　×flouer　母 o - u - 母 e　母音字間で u は×
　flower　母 o - w - 母 e　母音字間でも w は○
　flour　　母 o - u - 子 r　後ろが子音字なので u は○

flower と flour は元々同じ語の異綴りでどちらで綴ってもよかったのですが，語義の違い（花と小麦粉）で使い分けが生じ，別語として扱われるようになりました。（ちなみに，to と too，of と off も元は同じ語の異綴りです。）

　play, played, plaid は可能な綴りですが，i が語末・母音字間になる plai, plaied は不可となります。

play　　×plai　　←i が語末で不可
played　×plaied　←i が母音字間で不可

played と plaid は英単語の綴りとしてはどちらも可能ですが，過去形・過去分詞としては played が用いられます。
　一方，layed は綴りとしては可能ですが，lay の過去形・過去分詞の綴りとして使われるのは laid のほうです。pay も同様です。

lay-laid-laid　　pay-paid-paid

綴りが不規則なので不規則動詞に分類されることがありますが，発音は規則的。次のように綴られていれば規則動詞として扱われるものです。

lay-layed-layed　　pay-payed-payed

pay は語義によっては payed の綴りを挙げている辞書もあります。
　say は，語幹の母音が変化する点で不規則です。

say-said-said　　/eɪ/ → /e/

過去形・過去分詞の接辞 /t, d/ は発音に拘わらず ed と綴るのが原則ですが，語幹の母音に変化がある場合には発音に従い t /t/，d /d/ と綴られます。sleep /sliːp/ の過去形・過去分詞が /sliːpt/ であれば，規則的に sleeped と綴られるところですが，母音に変化があるので slept と綴られます。

```
   sleep                          hear
×sleeped   ← 母音に変化   ×heared   ← 母音に変化
   slept    ← /t/ は t と綴る     heard    ← /d/ は d と綴る
```

（heard の ear は子音字 d の前なので ⌢ear /ɚː/ で，これは規則的
な発音。cf. earth, learn）say /seɪ/ – said /sed/ では母音の変化
があるため，said の綴りはこの点では規則に従ったものと
いえます。

```
   say
×sayed   ← 母音に変化
   said    ← /d/ は d と綴る，y は i に
```

/d/ が d で綴られれば母音字間にならないため i でよいこ
とになります。

　接辞 -ed, -er の付け方の説明で，try-tried なのに play-
played となることを説明するのに「y を i に替える。ただ
し，y の前に母音字がある場合は y のまま」のように前の
文字だけに言及することが多いのは，後ろは必ず母音字 e
(-ed, -er) になるためです。paid, laid のように -ed ではな
く -d で綴る場合は不規則動詞で例外扱いとなり，i の後ろ
の文字は言及されません。しかし，ポイントは y の前に
母音字があることだけでなく後ろにも母音字が来て（その
結果 y が母音字間になり）i に替えられないことです。pay-
paid のように，前が母音字でも後ろに母音字以外が続け
ば i を用いることができます。

　過去形・過去分詞の接辞 /t, d, ɪd/ は ed と綴られます。/ɪd/ では e は読まれますが，/t, d/ では黙字になります。読まれなくてもこの e には /t, d/ が接辞であることを示す表形態素的な（語の構造，構成要素を示す）機能があります。

/ræpt/	/bɔːld/
rapt	bald
rapped < rap + -ed	balled < ball + -ed

　形態素とは意味を持つ最小の言語単位です。/ræpt/ が「無我夢中の，うっとりした」を表す形容詞（rapt）なら，これ以上分解しても意味のある単位にならず，全体で 1 形態素になります。/ræpt/ は発音上は /r/, /æ/, /p/, /t/ に分解できますが，分解されたそれぞれはもう何の意味も表しません。それに対し，「こつこつ叩いた」などの意味の /ræpt/（rapped）であれば，/ræp/ と /t/ に分割され，それぞれが特定の意味を表します。したがって，この場合の /ræpt/ は 2 つの形態素から構成されることになります。

　さて，この「形態素」という観点から見ると，黙字の e は次のような働きをしていることになります。語末が y の語に ed が付くと語中になるため y を i にしますが，黙字の e は語末の d /d/ が接辞であることを示すと同時に，その前に形態素（語の構成要素）の切れ目があることを示す働きもします。また，これによって，語中に現れる i であってもその後ろに形態素の切れ目があることがわかります。次の語を比べてみてください。

candid　　「偽りのない，率直な」などの意味の形容詞
candied　　< candy + -ed

candid を知らなくとも，たとえば be candid の形で出てくれれば candid は形容詞か名詞だと判断でき，be candied であれば，candied は過去分詞で candy の動詞用法なのだと判断できます。

　ed の黙字の e にこのような機能があるということは，逆にいえば，e がなければ d /d/ は接辞ではなく，その前（i の後ろ）に形態素の切れ目はないことを示すことになります。

　ちなみに，形容詞 afraid, staid は元々動詞 affray, stay の過去分詞でした（cf. interest-interested）が，現在では /d/ は接尾辞と認識されず -ayed ではなく -aid と綴られ，過去分詞とは別の綴りとなっています。

afraid　　　staid　　　形容詞
affrayed　　stayed　　過去分詞

　次に名詞の複数，動詞の三単現を表す接辞の -(e)s /s, z, ɪz/ について。

kissės　buzzės　dishės　catchės　orangės
criȼs　studiȼs　goȼs　potatoȼs

上段の e が /ɪ/ と発音されるのに対し，下段の e は黙字（ȼ）です。cries の e の場合，読まなくても e には綴り字上先行音節を開音節にし母音字を長音で読ませる働きがあり，

また -ed の e と同様に形態素の切れ目を示す働きもしています。

 ×crī　　←i が語末で不可
  crȳ
 ×crȳs　←y が語中で長音 ȳ が閉音節に現れ不可
 ×crīs　←長音 ī が閉音節に現れ不可
  crī.¢s

 y が複母音字の第 2 要素である場合，2 字であることが長音を表すので，音節構造への配慮は不要となります。

 ×plai　←i が語末で不可
  play
 ×plais　←s が接辞であることが示されず不可
 ×plai¢s ←i が母音字間で不可
  plays　← 複母音字 ay は閉音節でも長音で可

plaies では i が母音字間となってしまうため駄目です。では e を取ればいいかというと，e のない plais では s が接辞であることが示せません。plays では通常語末に生じる y が語中に現れることになりますが，これが形態素の境界がそこにあることを示すことになります。

 raid̲　　d は語幹の一部　　rais¢　s は語幹の一部
 ray¢d　d は接辞　　　　　rays̲　s は接辞

語中では i，語末では y が基本ですが，語中でも母音字間

になる場合，また後続のeにより形態素の切れ目を示すことができない場合にはyが用いられることになります。

　uとwの間では，-ed, -er, -al など母音字で始まる接辞を付加する際，i/yのような交替は生じません。どうしてかというと，yに単母音字の用法があるのに対して，wには複母音字（aw, ew, ow）の用法しかなく，母音字で始まる接辞が後続すると母音字間となり，uと交替することができないためです。

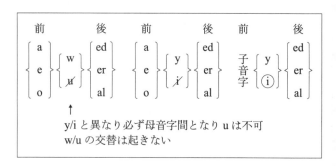

単母音字 y/i	複母音字 ay/ai	複母音字 ow/ou
cry	play	low
crier	×plaier	×louer
	player	lower
try	betray	bestow
trial	×betraial	×bestoual
	betrayal	bestowal

　なお，母音字で始まる接辞でも -ing の場合，単母音字 y が i にならないのは，i の連続（ii）を避け y（yi）を用いるためです。ii → yi の規則（ii を避け yi と綴る）は，lie（嘘を吐く），die などの動詞の -ing 形でも見られるものです。

try	lie
tried	lied
trial	liar
×triing → trying	×liing → lying

　同じく y が用いられていても，try では語末だからで，それに対して trying では i の前だからと，理由が異なります。lie では黙字の e で i が語末になるのを避けていますが，lying で y が用いられるのは trying と同じ理由からです。

try	← 語末の i を避け y を使用
lie	←　　〃　　　　黙字 e を付加
trying	← i の連続を避け y を使用
lying	←　　　　〃

copy に -er が付くと copier になりますが，-ist が付いても copiist にはならず，copyist と綴ります。hobbyist, lobbyist などでも y は y のままです。-ism でも y は i に替わりません。

entryist	hobbyist	lobbyist	rallyist
cronyism	dandyism	entryism	rowdyism

「(抗議のため)パイを投げつける」の意味の動詞 pie の -ing 形は pieing。lie-lying という伝統的な変化のパターンに従えば pying となるところですが，この動詞用法は新しく，原形の綴りを保ったまま -ing を付け pieing とします。黙字 e を残すため i の連続は生じません。

　ちなみに，過去形・過去分詞には不規則な変化のものがありますが，現在分詞は基本的に規則的な変化をします。唯一の例外が lightning (「稲妻が走る」)で，現在分詞も同形の lightning です。

6.7 綴り字上の音節と黙字の e

hurl になくて hurdle に付いている語末の e。

hurl　　　/hə́:l/
hurdle　/hə́:dl/

発音上は /d/ が増えただけなのに，綴りには d だけでなく e も加わります。この e は発音しないのになぜ付いているのでしょうか。

　まずは e の付いている語と付いていない語を比べてみましょう。e が付く語と付かない語では何が違うでしょうか。

e あり　apple　dribble　cycle　little　nozzle
e なし　sell　fill　tool　meal　bowl　curl　pearl

dye, doe, toe, owe, awe などに e が付くのは短い単語を長

く綴るためでしたが，この場合の e は，どちらかといえば長い単語のほうに付いているように見えます。さて，違いは？

　音節に着目すると違いが見えてきます。e が付いている単語は 2 音節で，付いていないほうは 1 音節の語です。前者が長めに見えるのは音節数が多いからです。

　e あり　ap.ple　drib.ble　cy.cle　lit.tle　noz.zle　　2 音節
　e なし　sell　fill　tool　meal　bowl　curl　pearl　1 音節

hurl /hə́:l/ は 1 音節ですが，/d/ が加わった /hə́:dl/ は 2 音節。/d/ を表す文字 d を加えただけの hurdl では hur.dl となり，母音字のない音節 dl ができてしまいますが，e を加えれば dle となり，子音字だけの音節にならずに済みます。-ing, -ed を付けても音節数は変わらず 2 音節で hur.dling, hur.dled となりますが，接辞に母音字が含まれているので e は不要になります。

　/æpl/ なら a /æ/ + p /p/ + l /l/ となり apl で十分に見えますが，2 音節目に母音字がありません。黙字の e を付け aple とすると a.ple となり，a が開音節になってしまい，長音で読めてしまいます。実際，maple /méɪpl/ では a は長音です。aple で /æpl/ と読めないことはありませんが，a を確実に短音で読ませるためには閉音節にする必要があり，重子音字を用い ap.ple と綴られることになります。

　次の語に -ing, -y, -er, -able など母音字で始まる接辞が付くと，その母音字が音節の核となるため，黙字の e は不要になります。

| drib.ble | bub.ble | gam.ble | cy.cle | re.cy.cle |
| drib.bling | bub.bly | gam.bler | cy.clic | re.cy.cla.ble |

　英語では綴り字上音節には母音字が必要であり，母音がない場合は黙字 e を挿入する。そう捉えると，長音標識の e と共通したところがあることが見えてきます。次の語で考えてみましょう。

| tī.le | tā.pe | cā.pe |
| tī.tle | tā.ble | cā.ble |

綴り字上，独立の音節を形成するためには母音字が必要。母音字を長音に読ませるためには後続の子音字は邪魔なので，後ろの音節に送りたいが，母音字がなければそれはできない。子音字を後ろに送るために，それを引き受けてくれるダミーの母音字を置く。それが「マジック e」と呼ばれる黙字の e。tile の e はこの e です。発音上，子音だけで音節を形成できる tl /tl/ も綴り字上は母音字が必要です。そのために添えるダミーの母音字が，やはり黙字の e。tle /tl/ が独立の音節となると，title ではその前の ti が開音節になります。「マジック e」と呼ぶかどうかは定義次第ですが，e が付くことで綴り字上独立した音節となり，その結果直前の音節を開音節にし，その音節の単母音字が長音で読まれるという点で，tile の e と同様の働きをしていることになります。

6.8　have の黙字の e の働き

　同じ綴り live でも i は動詞 /lɪv/ なら短音 ĭ で，形容詞 /laɪv/ なら長音 ī で読まれます。măt-māte のように，lĭv-līve と e の有無で区別できれば便利ですが，i が短音のときにも黙字の e が付くため，同じ綴りになってしまい区別が付きません。

短音	măt	wĭn	×lĭv	līve	gĭve	hăve
長音	māte	wīne	līve	līve	gāve	behāve

短音の have, give などにも e が付きますが，なぜ長音でないのに e が付くのでしょうか。

　次の語を見ると，何となく引っかかるところがないでしょうか。

oeuvre　manoeuvre　chevron
Asimov　Bovril　Chevrolet　Louvre　Slav

v が語末に来ていたり，v の後ろに子音字が続いたりしているところに引っかかりを感じなかったでしょうか。英語では普通，次のように v の後には母音字が来ます。

very　festival　never　civil

v の後には母音字が来るのが普通なので，上に挙げたような語を見ると違和感を覚えることになります。

　v の後には母音字が必要だが，発音上は母音はない。そ

の場合は，読まなくてもよい e を付けることになります。

語中　every　wolves
語末　twelve　believe　active

lĭve, gĭve, hăve に黙字の e が付くのは v の後に母音字が必要であるためです。līve, gāve, behāve では長音標識としての e が v に後続する母音字としても働き，同時に2つの役割を果たすことになります。v の後の e は長音標識であることもないこともあるため，どちらであるかは単語ごとに確認して覚える必要があります。

　なお，wave の e は長音標識ですが，同じ発音の waive で ai が長音なのは複母音字だからで（cf. waif /weɪf/），こちらの e には長音標識としての働きはありません。place の e は c の軟音標識であると同時に a の長音標識でもあるのに対し，plaice（鮃，鰈）の e には c の軟音標識の働きしかないのと同じです。

wave　place　e は先行母音字 a の長音標識
waive　plaice　e は先行母音字 ai の長音標識ではない

6.9　please の黙字の e の働き

　please の語末の e もなくてよさそうに思えますが，読まないのになぜ付いているのでしょうか。動詞の please に ing を付けるときには e を取って pleasing としますが，取ってしまっていいものなら，なぜ付いているのでしょうか。
　e を取ってしまったらどうなるか。取った綴りと比べて

みると e の働きが見えてきます。

please　tease　lease　tense　dense　cleanse　lapse　sparse
pleas　　teas　　leas　　tens　　dens　　cleans　　laps　　spars

please から e を取った pleas は名詞 plea の複数形。cleanse から e を取った cleans は動詞の三人称単数現在形。e があることで，s が接辞でないことがわかります。
　なぜ，e があると s が接辞でないと判断するのでしょうか。次の語を読んでみてください。

cleans　cleaned　cleaner　cleaners　cleanser
cleansers　cleanings　cleansing　cleansings

読めないと思った人は，形容詞または動詞の clean の ea は長音 ēā /iː/ で，動詞 cleanse の ea は短音 ĕă /e/ ということを確認してから，また読んでみてください。
　今度はこう読めたのではないでしょうか。

clēāns　clēāned　clēāner　clēāners　clĕănser
clĕănsers　clēānings　clĕănsing　clĕănsings

ea には2つの発音があるのに，なぜこう読めたのでしょうか。文脈がないので，意味や品詞で判断することはできません。それでも間違いなく読めるのはなぜでしょうか。
　ポイントは接辞の順番です。接辞には屈折接辞と派生接辞がありますが，活用形の語尾にあたる接辞（名詞の複数形の -s，動詞の三人称単数現在形の -s，現在分詞の -ing，過去

形・過去分詞の -ed，形容詞の比較級・最上級の -er, -est など）は屈折接辞です。それに対して，動詞 govern に付いて名詞を作る -or, -ment，名詞 nation, nature に付いて形容詞を作る -al などは派生接辞です。同じ形でも，形容詞 clean に付いて比較級 cleaner を作る -er は屈折接辞で，動詞 clean に付いて名詞 cleaner を作る -er は派生接辞です。building の -ing も，building が現在分詞なら屈折接辞で，名詞なら派生接辞になります。norm-al-iz(e)-ation-s のように１つの語幹に複数の接辞を付けることができますが，順序を見てみると，屈折接辞は必ず最後に来ます。そうすると，cleaners の s は屈折接辞で，その前の er は派生接辞ということになります。cleanser なら，er が続く s は屈折接辞ではありえず，語幹の一部と解釈されます。

$$\{ \text{clean} \} \{ \text{ed} \} \qquad \text{plea}\underline{\text{sing}}$$
$$\{ \text{clean} \} \{ \text{er} \} \qquad \text{please}\underline{\text{d}}$$
$$\{ \text{clean} \} \{ \text{er} \} \{ \text{s} \} \qquad \text{pleas}\underline{\text{e}}$$
$$\times \{ \text{clean} \} \{ \text{s} \} \{ \text{er} \}$$
$$\{ \text{cleans} \} \{ \text{er} \}$$

その結果，cleans-er と分解されることになり，動詞 cleanse に派生接辞 -er が付いたものと解釈され，clĕanser「クレンザー」と読むことになります。

cleansed, cleansing, cleanser なら s は語幹の一部であることがわかる。では接辞を取った cleans ならどうか。s は屈折接辞の可能性があるので，動詞 clean の三人称単数現在形と解釈されてしまう。そこで -ing などの接尾辞の代わりに e を付けることで s が語幹の一部であることを明示

する。cleanse に接辞を付けるときに読まない不要な e を取るのではなく，接辞が付かないときには，s が屈折接辞でないことを示すために e を付けることになります。「不要な e」ではなく，必要な e。「必要ないなら何で付けるの?」と思ってしまいますが，必要な e だけれども，接辞を付けるときにはなくてもよくなる，ということです。

　pleasing, pleased にはない e が，接辞が付かないときに付けられるのは，こういう事情からです。

　なお，please, cleanse の三人称単数現在形は pleases, cleanses となりますが，この e は /ɪ/ と発音され，黙字ではありません。黙字の e のない miss, bus, gas, lens に接辞 -s が付くと misses, bus(s)es, gas(s)es, lenses となり，黙字でない e が挿入されますが，pleases, cleanses の e も同様に考えることができます。表面的には s が加わっただけですが，本書では pleas-, cleans- に -es が付いたものと捉えます。なお，bus, gas, lens は例外的な綴りで，英語式の綴りに綴り直していれば buss, gass, lense となるものです。

　語末の子音が /z/ ではなく /s/ のときは，-se ではなく -ce を用いて接尾辞でないことを示すこともできます。

since	hence	peace	scarce	pierce	tierce	source
sins	hens	peas	scars	piers	tiers	sours

since, hence の -ce /s/ は歴史的には always, sometimes の s と同じく接辞だったものが，接辞と意識されなくなり，-ce で綴られるようになったものです。

6.10 語末の重子音字 ss の働き

前節で語末の s の後に黙字の e を付け se としたり，ce と綴ったりすることで /s, z/ が接辞でないことを示す方法について見ましたが，次の組を比べてみると，/s/ を表すのに重子音字 ss を用いることでも語末の /s/ が屈折接辞でないことを示すことができることがわかります。

assess caress princess procuress; needless kindless
asses   cares   princes   procures;   needles   kindles

6.11 x の発音と働き

x には 3 種類の発音があります。

語末　x̊ /ks/　box　fox　fix　mix
語中　x̊ /ks/　èxecúte　èxhibítion　express　next　axle
　　　ẍ /gz/　exécutive　exhíbit　exist　exact　anxiety
語頭　ẋ /z/　xylophone　xenon

語末は x̊ /ks/ で，語頭は ẋ /z/。語頭の x はギリシャ語からの借入語またはギリシャ語の語根を用いた造語に現れますが，ẍ /gz/ の /g/ が落ちた形です。psychology, pteranodon などのギリシャ語由来の語で ps, pt などの英語にない語頭音の先頭の子音が省略されるのと同じですが，2 音が x の 1 字で書かれるため，黙字ではなく x の発音の 1 つという扱いになります。

　英語圏で子供に文字を教えるとき，A for apple, B for

ball のように例としてその文字で始まる語を用いますが，語頭では x の典型的な発音 /ks/ は用いられないため，xylophone /záɪləfòʊn/（木琴）などの語を用いることになります。ギリシャ語系の語は子供には馴染みがないものが多いこともあり，Xmas や X-ray などを用いたり，語頭ではありませんが fox などを使う場合もあります。

　語中でも next, express, axle のように子音字が続くと x̊ /ks/。excel, excess のように軟音の c /s/ の前では xc で /ks/ となります。

　語中で母音が続く場合には，無声音の x̊ /ks/ と有声音の ẍ /gz/ の発音があります。éxecùte-exécutive, èxhibítion-exhíbit では一方が x̊ /ks/ で他方が ẍ /gz/。このように，母音の強勢が「弱 x 強」の場合に x が有声音になる，というパターンも見られますが，éxit, éxile のように /ks, gz/ 両方の発音があるものもあったりと，このパターンに合わないものも多いので1つ1つ確認して覚えることになります。

　弱音節では口蓋化が起き，x̊, ẍ が /kʃ, gʒ/ になります。

x̊ → /kʃ/　luxury　luxurious　anxious
ẍ → /gʒ/　luxury　luxurious

books, banks のように /ks/ は ks でも表せますが，box, fox では x が用いられています。気まぐれに x を使っているわけではなく，/ks/ を x と綴ることで /s/ が接辞でないことを示します。

jinx　minx　lynx　calx　　/s/ は語幹の一部
jinks　minks　links　calks　/s/ は接辞

たとえば，six も sicks も発音は同じになりますが，sicks の綴りなら sick の名詞用法の複数形か動詞用法の三人称単数現在形と解釈されます。syrinx, larynx, phalanx, onyx, pyx, oryx が初めて見た単語であっても語末の /s/ が接辞でないことがわかります。sox（< socks），pix（< pics），thanx（< thanks）などは意図的にルールから逸脱させた綴りです。

mathematics, physics, economics, linguistics など，語尾が /ks/ となる学問名がありますが，x ではなく cs が用いられるのは，/s/ が元々複数形の s だったからです。

なお，本来，1字で2子音を表す x には重子音字はありませんが，vaccine を省略して作った語 vax を活用して，vaxxed, vaxxing と綴る人もいます。これは逸脱した綴りで，普通は boxed, boxing, boxer のように x は重ねません。

第7章　複数の読み方を持つ文字，黙字とその歴史的由来

7.1　s と th に有声と無声の発音があり，knife の複数形が knives である理由

　s の音価には無声音 s̊ /s/ と有声音 s̈ /z/ がありますが，これはなぜでしょうか。

　昔の英語では，摩擦音には有声音と無声音の区別はなく，同じ音素の異音として，生じる環境によって使い分けられました（/ /は音素表記で [ ] は音声表記）。

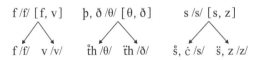

f /f/ [f, v]　　þ, ð /θ/ [θ, ð]　　s /s/ [s, z]

f /f/　　v /v/　　t̊h /θ/　　ẗh /ð/　　s̊, c̊ /s/　　s̈, z /z/

f の文字は音素 /f/ を表し，有声音の間では [v]，その他では [f] で発音されました。のちに [f] と [v] は異なる音素 /f/, /v/ として区別されるようになり，/v/ は f ではなく v（u）で書かれるようになりました（u/v は元々同じ文字でした）。knife, wolf の複数形は knives, wolves ですが，f が v になるのは，現在は脱落していますが元々は複数形語尾に母音が含まれており，複数形語尾が付くと有声音で挟まれたためです。

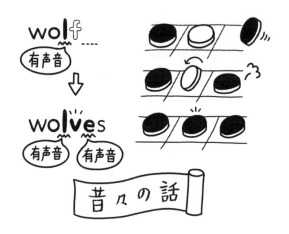

　[θ, ð] の音は þ, ð で書かれ，やはり有声音間では [ð]，その他では [θ] となっていました。ð が有声音を表す発音記号として用いられているので，ð が有声音で þ が無声音と勘違いしやすいですが，どちらも同じ音を表す文字でした。その後この音は th で書かれるようになり，f の場合と同様に有声音と無声音が独立の音素となりましたが，こちらは有声か無声かで綴りは変えなかったので，/θ/ も /ð/ も同じ th で書かれます。

　[s, z] も同様ですが，ややこしいのは，独立の音素 /s/，/z/ として区別されるようになった後，s のまま綴りが残ったもの（さらに後で /s/ が /z/ と発音されるようになったもの）と，/s/ を c で書くようになったもの，/z/ を z で書くようになったものがあり，綴りが混在してしまったことです。

s /s/ [s, z]
⎰ /s/　š, ċ　uše　kickš　mouše miċe　deviċe
⎱ /z/　š, z　uše　boxeš　houše houšeš　deviše　zone

　たとえば，名詞 house では s は /s/ ですが，動詞 house では /z/（cf. housing ハウジング）。名詞でも複数形 houses の s はどちらも /z/。mouse-mice では単数形は s のままで，複数では c に。glass-glaze では動詞の /z/ のほうが z で書かれるようになったりと，一貫していません。

　名詞 bath では th は無声音であるのに対し，動詞 bathe で有声音なのは，元々語尾の e は発音されており，th が有声音（母音）に挟まれていたためです。似たようなことは他にも見られます。対応する語の組で一方が有声音で他方が無声音の場合，有声音は動詞のほうになります。

| 無 | /f/ | life | proof | safe | belief | relief | grief | half | shelf |
| 有 | /v/ | live | prove | save | believe | relieve | grieve | halve | shelve |

| 無 | /s/ | close | use | excuse | loss | grass | advice | device | choice |
| 有 | /z/ | close | use | excuse | lose | graze | advise | devise | choose |

| 無 | /θ/ | bath | breath | cloth | wreath | loath | tooth | mouth |
| 有 | /ð/ | bathe | breathe | clothe | wreathe | loathe | teethe | mouth |

worth-worthy, south-southern などでも有声音である母音に挟まれたほうが有声音です。このパターンに従わないものも多いので，1つ1つ覚える必要はありますが，use, close のように，同じ綴りなのに発音が異なり混乱するよ

名詞 life uSe 無声音

動詞 live uSe 有声音

うな場合にはヒントになります。life-live や loss-lose の組なら名詞の「ライフ，ロス」の発音は間違えないでしょうから，これらを基に「有声音は動詞のほう」と覚えるといいでしょう。

f /f/ [f, v] が f /f/, v /v/ へ変わったときに /v/ を v（u）で綴るようにしたように，s についても /z/ は z で綴ることにしていれば z を含む語の数は多くなったはずですが，その置き換えはあまり行われませんでした。現代英語で /z/ は珍しくないのに z を含む語は少ないのはこういう理由からです。rīde-rōde-rīdden と同様の活用をする rīse-rōse-rīsen の過去分詞で s が重子音字にならないのは，ss の発音は無声音 /s/ が普通だからです。もし /z/ を z で綴るようにしていたら，rīze-rōze-rīzzen と綴られるようになっていたでしょう。

語頭の s が /z/ にならないのは，語頭では有声音間にならないためであり，また，外来語の /z/ の語は z で綴られたためです。

有声音間ではありませんが，弱音節で s /s/ が有声音化するものもありました。be 動詞，代名詞は強勢が置かれないことが多く，is, his の s も有声音になりました。boxes の es も弱音節で s は有声音になりました。kings などの複数語尾にも昔は母音がありましたが，s が有声化した後，脱落しました。/s, z, ∫, ʒ, t∫, dʒ/ の後では母音が脱

落すると類似音の /z/ が連続し発音しにくくなるため脱落しませんでした。母音が脱落した場合は綴り上も書かれなくなりましたが，直前が無声音の場合は，それに同化し無声音になり，現在の -(e)s /s, z, ɪz/ というパターンになりました。

7.2　短音と長音の発音が大きく異なるのはなぜ？

i の短音 ĭ が「イ」なら長音 ī は「イー」が期待されるところですが，ī は実際には「アイ」です。そして「イー」は e の長音 ē の発音で，e の短音 ĕ は「エ」。なぜこんなずれが生じているのでしょうか。

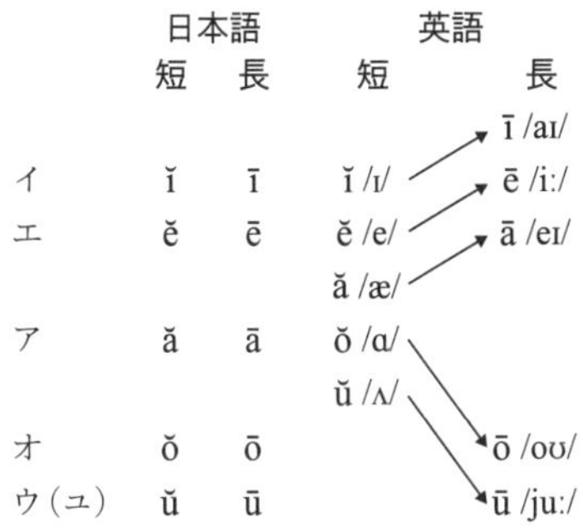

	日本語		英語	
	短	長	短	長
イ	ĭ	ī	ĭ /ɪ/	ī /aɪ/
エ	ĕ	ē	ĕ /e/	ē /iː/
			ă /æ/	ā /eɪ/
ア	ă	ā	ŏ /ɑ/	
			ŭ /ʌ/	
オ	ŏ	ō		ō /oʊ/
ウ (ユ)	ŭ	ū		ū /juː/

　このずれの一番大きな原因は中英語期末から近代英語期（14世紀〜17世紀半ば）に長母音に生じた「大母音推移」（Great Vowel Shift）と呼ばれる音変化です。この音変化により，強勢のある長母音が舌の位置を1段または2段高めて発音されるようになり，一番高い位置の [iː, uː] は二重母音になりました。次の図の [eː, oː] は口の開きの狭い

「エー，オー」，[ɛ:, ɔ:] は広い「エー，オー」で，網掛け部分は大母音推移の前後の変化です。

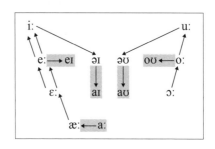

　長母音は1文字で綴られることも2文字で綴られることもありました。そもそも当時は綴りを知っている人のほうが少ないので当たり前の話ですが，綴りに関係なくこの変化を受けました。他の変化も含めて示すとこんなふうに変わったことになります。

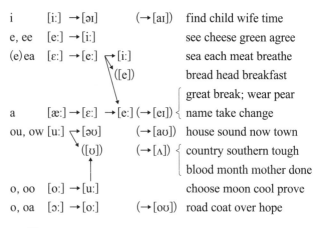

i　　　[iː] → [əɪ]　　　(→[aɪ])　　find child wife time
e, ee　[eː] → [iː]　　　　　　　　　see cheese green agree
(e)ea　[ɛː] → [eː] ⤳[iː]　　　　　sea each meat breathe
　　　　　　　　　　([e])　　　　　bread head breakfast
　　　　　　　　　　　　　　　　　great break; wear pear
a　　　[æː] → [ɛː] → [eː] (→[eɪ]) { name take change
ou, ow [uː] ⤳[əʊ]　　　(→[aʊ])　 house sound now town
　　　　　　　([ʊ])　　　(→[ʌ]) { country southern tough
　　　　　　　　　　　　　　　　 { blood month mother done
o, oo　[oː] → [uː]　　　　　　　　 choose moon cool prove
o, oa　[ɔː] → [oː]　　　(→[oʊ])　 road coat over hope

この音変化を経て，i [iː], e [eː], ou [uː], o [oː] などの長母音が現在の i [aɪ], e [iː], ou [aʊ], oo [uː] になり，発音と綴りが大きくずれることになりました。

中英語　　wif［wiːf］　be［beː］　out［uːt］　to［toː］
現代英語　wife［waɪf］　　［biː］　　　［aʊt］　too［tuː］

短音と違い長音が「ローマ字読み」にならないのはこのような歴史的な事情によります。

　なお，長音 ū [juː] の発音は大母音推移とは関係ありません。昔の英語では u の長母音 [uː] は u と書かれていましたが，あるときからフランス語式に ou（ow）で表されるようになり，大母音推移を経て [aʊ] になりました。house, cow は昔は「フース，クー」と発音していたわけです。現在の u の長音 ū [juː] はこの ou, ow とは関係なく，フランス語での文字の発音を取り入れ英語式にしたものです。

7.3 長音標識の黙字の e の由来

　hop に発音されない e が付き hope となると，母音字 o の発音は短音から長音に変わります。理由は既に見ましたが，仕組みを知らないと，非常に不思議なことをしているように見えます。たとえば日本語で「エ」が長く発音されることを「エ」に「ー」を付け「エース」と書くのは自然ですが，「エ」の直後ではなくさらに1文字あとに付け「エスー」と書いて「エース」と読むことにしたら，何で

そんな奇妙なことをするのかと思うでしょう。hop-hope についても，なぜ長音にする母音字に直接付けてマークしないのか，なぜ長音を表すのに e という母音字を使うのか，といった疑問が生じます。

　仕組みは既に説明したとおりで，黙字の母音字 e を付けることで，見かけ上前を開音節にして単母音字を長音として読ませるというものでした。この e は先行する母音字 o の長音標識の働きをしていることになりますが，母音字で始まる接辞が付く場合はこの黙字の e は必要なくなります。

hō 　　　開音節で o は長音 ō /oʊ/

hŏp 　　　閉音節で o は短音 ŏ /ɑ/

hō.pe 　　開音節で o は長音 ō /oʊ/

hō.ping 　　　〃

hō.ped 　　　〃

複母音字はそれ自体で長音を表すので，mean, rain, out, boat などは閉音節でも長音で，黙字の e を付ける必要はありません。

　仕組みはこのとおりだとしても，なぜ，長音標識の hope の e は発音されないのでしょうか。母音字が長音であることを示すのに，なぜ見かけ上開音節にするなどという回りくどいことをすることになったのでしょうか。

　実は hope の e は元は [ə] と発音されていました。したがって，hoping と同様に hope は見かけだけでなく発音上も 2 音節で，ho の部分は開音節でした。文字通り開音節で，o は長音（大母音推移で変化する前は長母音 [ɔ:]）で読まれていたわけです。しかし，あとでこの語末の e [ə] は

弱化して脱落してしまいます。発音上は閉音節になってしまったわけですが，読まなくなっても e があればその前の母音が長音であることがわかるということで残されました。wife のように元々 e のなかった語にも長音を表す印として黙字の e が添えられるようになり，現在のような長音標識としての e の使用が定着しました。

　読まない場合にも書かれるようになった e は，（前）母音字であることを利用し，c，g の軟音標識など，いろいろな使われ方がされるようになりました。

7.4 重子音字の発音：summer がサンマーでない理由

　重子音字は単子音字と同じ発音。mm も m も同じく /m/ を表します。英語では当たり前のこの規則も，考えてみればおかしな規則です。どうしてこんな習慣ができたのでしょうか。

　前の音節を開音節化し母音字を長音で読ませる働きをする黙字の e（長音標識の e，マジック e）も，元々は発音されていたものに端を発していることを見ましたが，重子音字も実際に長く発音されていた子音に由来します。子音字を 2 つ書いたら長く発音する。日本語のローマ字表記でも用いられている方法で，自然な表記の仕方です。l，p で短子音（単子音）の [l，p] なら ll，pp で長子音（重子音）の [lː，pː]。だから，重子音字があれば発音上も閉音節だったわけです。

　その長子音が歴史的な音変化で短音化し，1 つ分しか読まれなくなりました。発音に合わせて書くのも 1 つにするところかもしれませんが，長音標識の e の場合と同様に，

重子音があれば前が短音であることがわかるということで，先行母音字の短音標識として使われるようになり，元々1つしか書いていなかったところでも2つ書くケースが出てきました。summer の m も昔は1つでした。u が短音であることを明示するために重子音字 mm が使われるようになり，こちらの綴りが定着しました。-ing などの接辞を付けるときも，先行母音字（たとえば hop の o）が短音であることを示すために重子音字を利用し，hopping のように綴ることが規則となりました。

7.5 try, tries, tried, trying で y が i に替わったり替わらなかったりする理由

名詞 try の複数形，動詞 try の三人称単数形は tries。-ed を付けるときも tried になるのに，なぜか -ing を付けるときは triing にせずに y のままで trying。学校で習ったときに混乱した人も多いと思いますが，なぜ -ing のときは y のままなのでしょうか。

ski のような外来語は別として，i は語末では避けられ tri ではなく try と綴られますが，接辞が付くと語中になるので i に替え，tried, trial のように綴ります。

try	deny
tries	denies
tried	denied
trial	denial
trier	denier
×tri̲i̲ng → try̲ing	×deni̲i̲ng → deny̲ing

しかし接辞が -ing の場合 triing となり，i が連続してしまいます。昔は i に点はなく (1)，nmu など縦棒から構成される文字の前後では読みにくく目印として点が付けられるようになったぐらいですが，ıı では ii なのか u なのか n なのか判別が付きにくくなってしまうので，これを避けるため接辞が ing の場合は語中でも i にせずに y を用いました。ii の読みにくさは当時の書体で書いてみるとよくわかります（大名（2021），p. 83）。

die–diing–dying	lie–liing–lying	study–studiing–studying
die–diing–dying	lie–liing–lying	study–studiing–studying
die–diing–dying	lie–liing–lying	study–studiing–studying

同じく y が用いられていても，try では語末だからで，trying では i の前だから。違う理由で y が用いられていることになります。

　ing の前では語中の i も y にする。そんな規則は聞いたことがない。そう思う人もいると思いますが，実は習っています。lie, tie, die の -ing 形は lying, tying, dying で，ここでも i ではなく y を用いています。

lie 「嘘を吐く」	tie
lies	ties
lied	tied
liar「嘘吐き」	tier /táɪɚ/「結ぶ人」
×liing → lying	×tiing → tying

lie なら e があるので i は語末にならず，接辞が付けばこの e は不要になり lied, liar のように綴られますが，接辞が -ing の場合は i を y にし ying にして i の連続を避けているわけで，trying の場合と同じパターンです。

　i を重ねた ii の綴りは避けられる。そういわれれば，ii の綴りの語をほとんど見かけないことも偶然でないことがわかります。ラテン語の複数形に由来する genius の複数形 genii などは例外です。ski の -ing 形は skiing ですが，ski はノルウェー語からの借入語でこれも例外。抗議行動として卵やパイを投げつけることを egg, pie を動詞に転用して用いる用法がありますが，この場合の動詞 pie の -ing 形は pieing で，黙字の e は取らず綴るので，i の連続は避けられています。hie の -ing 形は hying とするか hieing とする。どちらであっても ii の連続は避けられています。

　動詞の過去形・過去分詞，形容詞・副詞の比較級・最上級の作り方になく，動詞の ing 形の作り方にだけ出てくるので別の規則があるように見えますが，基本は同じで，違いがあるように見えるのは接辞の ing の先頭の母音字が i であることから生じるものです。実は，他でも似たようなことはあります。

　現代英語では ii に限らず母音字の連続は避けられます。ee と oo は例外でよく目にしますが，aa, ii, uu, yy の綴りを見ると違和感を覚えます。例外の ee であっても 3 つの連続は避けられ，ee で終わる語に -ed, -er が付く場合には変則的な規則が適用され，eeed, eeer ではなく eed, eer になります。

agree degree fee free guarantee knee referee tree

たとえば free に -ed, -er を付けると，×freeed, ×freeer ではなく freed, freer になります。fee の -ed 形を feed と綴ると「食べ物を与える」の意味の feed と同じ綴りになり紛らわしいこともあり，fee'd と綴られることもあります。free の最後の e が黙字でないことは，-ing を付けた形が freeing で ×freing でないことからもわかります。

continue　　　e は黙字
continuing　-ing を付けるときは e は不要
free　　　　　e は黙字ではなく，複母音字 ee の一部
freeing　　　-ing を付けるときにも e は削除されない

7.6 同一母音字の連続の回避

　子音字と違い同じ母音字の連続（aa, ii, uu, yy）は避けられます。ee, oo を除き，重母音字 aa, ii, uu, yy は使用されません。

・ aa　ee で単母音字・長音の ē と同じ長音を表すのだから，長音 ā と同じ発音を表すのに aa を使ってもよさそうです。実際，昔の書物を見ると，naam, maad（現在の name, made に相当）の綴りも使われています。Scragg (1974) *A history of English spelling* によると，aa の表す音が長母音 /ɑ:/ から二重母音 /eɪ/ に変わるとともに，aa の綴りは使われなくなったそうです。ee, oo の発音も /e:, o:/ から /i:, u:/

に変化しましたが，こちらはこの書き方が残りました。二重母音になっていないことが関係しているのかもしれません。

• ⬚ii 長音を表す複母音字としてだけでなく，単母音字の連続の ii も用いられませんが，理由は上で見たとおりです。i の場合も，a と同様に長音は二重母音であることも関係しているかもしれません。

• ⬚uu 中英語期（12世紀〜）にフランス語式の綴りが取り入れられた結果，u の長母音 [uː] は ou（ow）で綴られるようになりましたが，この [uː] は大母音推移を経て [aʊ] に変化しました。uu の綴りは子音 [w] を表し，のちに合字（抱き字，リガチャ）が独立の文字 w となったため，現代英語の綴りでは uu の形では現れません。

　フランス語式の綴りを採用　古英語 ū → 中英語 ou/ow
　uu の合字は独立の文字に　　uu（ɯ）　→ w

• ⬚yy yy は複母音字として使われないだけでなく，単母音字の連続 y + y も避けられます。clay に -y を付けると yy の連続が生じるため e を挿入し clayey とします。-ness が付くと clayiness または clayeyness となります。どちらも yy はなく問題はありません。

　このように，同一母音字連続の回避は元々１つの制約として存在したわけではなく歴史的にいくつかの要因が重なって生じたものですが，借入語や最近の造語は別として多

数を占める伝統的な語には生じないため，ee, oo 以外の同
一母音字の連続を見ると英単語の綴りとして違和感を覚え
ることになります。

7.7 w の後の後母音字 a, o の発音： warがウォーとなる仕組み

　w の後の後母音字 a, o の短音はそれぞれ o, u の短音の
発音になります。たとえば want, war は wŏnt, wŏr で，
won, world は wŭn, wŭrld と発音されます。

```
w   u   o   a
    u←o     won (wŭn),  worm (wŭrm)
    o←a     want (wŏnt), warm (wŏrm)
```

warm が「ウォーム」で worm が「ワーム」。発音が綴り
と反対になっているように見えますが，これは，a, o が o,
u に変わり，warm が worm，worm が wurm の発音になる
ためです。

　warm　(wŏrm)　/wɔɚm/　ウォーム
　worm　(wŭrm)　/wəːm/　ワーム

この変化は wake, wade などの長音，動詞の活用形（swam,
worn）では起きません。

/ɪ/	/æ/	/ʌ/	/eə-/	/ɔə-/	/ɔə-n/
swim	swam	swum	wear	wore	worn
begin	began	begun	swear	swore	sworn
drink	drank	drunk	bear	bore	born(e)
sing	sang	sung	tear	tore	torn

したがって w の影響を受ける swan, worm と受けない swam, worn では母音字の発音が異なることになります。

swăm /swæm/　　　　wŏrn /wɔə-n/
swan /swɑn/（swǒn）　worm /wə:m/（wûr̃m）

swan は日本語では「スウォン」ではなく「スワン」というので，a が w の影響で発音が変わっていることに気付きにくいため，swam の母音と同じ /æ/ だと思っている人も多いかもしれません。

　さて，w の後で a, o がそれぞれ o, u の発音になることはわかりましたが，なぜそうなるのでしょうか。

　w の後の短音 a が o になるのは，歴史的には w の音に影響され a が o の音に変わったが綴りは変えなかったことによります。この音変化が起きたとき，a の長音は既に大母音推移を経て発音が短音とは大きく異なっており，w の影響は受けませんでした。

　発音　綴り
　ŏ ← ă　　w の後で a の発音が o に変化
　ŭ → ŏ　　w（ɯ < uu）の後で u が o と綴られた

o が u の発音になるのは，w（ɯ のような uu の合字で綴られたりした）の後の u を o で代用したために生じた規則です。wolf /wʊlf/ は発音を見ると wulf とも綴れそうですが，/ʊ/ は o で綴られています。w は double U の名称のとおり，元々 u を 2 つ並べたものですが，その後にさらに u が続くと uuulf（ɯulf）となり，かなり読みにくくなります。u の代わりに o を用い uuolf（ɯolf）とすれば，読みやすさはかなり改善されます。worm も uuurm（ɯurm）よりも uuorm（ɯorm）のほうが読みやすい。こういう事情から u にあたる母音が w の後で o で綴られるようになりました。

　早い段階で学ぶ単語に woman とその複数形 women がありますが，第 1 音節の母音字と発音の対応が不規則（単数 o /ʊ/, 複数 o /ɪ/）で，綴りが覚えにくく，発音も間違えやすい語です。

　　単数　woman　/wʊ́mən/　（/u:/ ではない）
　　複数　women　/wɪ́mɪn/

現在「妻」を表す wife は元々「女」を意味し，woman は wif（女）+ man（人）で「女の人」を表しました。wifman の f が m に同化し，短化した i が w の影響で変化し /ʊ/ となりましたが，上で見た w の後の /ʊ/ を o で綴る当時の慣習に従い woman と綴られました。複数形では i の発音は変わりませんでしたが，単数形の o に合わせて綴りを変えたため，o で /ɪ/ を表す例外的な綴りとなりました。なお，women の弱母音 ė /ɪ/ も不規則だと思われるかもしれませんが，上で見たとおり弱音節ではよく見られる規則的な発音です（e.g. rèspéct, wántèd, intérprèt）。

7.8 l の前の後母音字 a, o の発音：
tall がトールとなる仕組み

little /lítl/ には /l/ が 2 つありますが，前の /l/ は明るい響きで，後の /l/ は「オ」や「ウ」に聞こえるような暗い響きの音です。母音の前だと明るい音，それ以外だと暗い音になります。この暗い /l/ に影響され，a, o が l の前にあるときに間に [ʊ] のような音が生じ，さらに発音が変化し，al, ol で /ɔːl, oʊl/ と発音されるようになりました。

al → aᵘl → a̲l (aul)
ol → oᵘl → o̅l

その後，一部，子音(字)が続く場合に /l/ が脱落し，l が黙字となりました。

a /ɔː/   tall   ball   wall;   talk   walk   chalk
o /oʊ/   roll   poll   stroll;   folk   yolk   holm

本来，閉音節なので短音となるはずの a, o が長音として発音されるのはこういう歴史的事情によります。なお，問題の音変化が生じた後に作られた doll のような語では母音字は長音となりません。

tall, roll などで重子音字が用いられているのは，a, o の音価とは関係はありません。次の例からわかるように，l が 1 つでも al は /ɔːl/ と発音されます。

also　almost　always　already　almighty
although　alter　alternative　altogether

all, tall などで重子音字が用いられているのは，１音節語
を長く綴るためであり，a の音価とは別の理由によります。

fall　fell　fill　roll　full

１音節語でも子音(字)が続けば重子音字にしません。

bald　false　halt　malt　salt　scald

al, ol の長音化は音節末か子音の前になります。ただし，
その環境でも長音化しないものもあるので，１つ１つ確認
が必要です。

ăl /æl/: calendar balance galaxy gallery gallop hallow
malady malice palace pallid pallor rally salad
salary talent valid valley shallow;
shall gal pal; valve balcony palpable scalp talc

ŏl /ɑl/: folly jolly hollow holly polish troll(e)y abolish
demolish diabolic metabolic symbolic solid

　閉音節なのに発音は長音という，綴りと発音の乖離が生
じていることになりますが，これは接辞を付けるときの綴
りにも影響を与えます。role の o が長音で読まれるのは，
黙字の e により見かけ上開音節となるためです。

rō.le

これに対し，roll, control, patrol の o が長音なのは，後続の子音字 l の影響によるものです。

rōll contrōl patrōl

単音節語の roll では元々重子音字 ll が使われているので意識されにくいですが，o は綴り字上は短音と同様の扱いになり，母音字で始まる接辞が付加される際には重子音字が用いられます。

rōll	contrōl	patrōl
rōlling	contrōlling	patrōlling
rōlled	contrōlled	patrōlled
rōller	contrōller	patrōller
	contrōllable	

7.9 walk がウォークで work がワークである理由

7.7で warm が「ウォーム」で worm が「ワーム」となる仕組みについて見ました。

warm (wōrm) ウォーム (war → wor)
worm (wūrm) ワーム (wor → wur)

この話と混同しやすいのが walk と work の綴りと発音の関係です。

walk　　ウォーク
work　　ワーク

こちらも日本語話者には w の後で発音が逆になっている
ように思えますが，warm-worm とは別の話です。work の
o（or）が「アー」になるのは先行する w の影響ですが，
それに対し，walk の a が「オー」になるのは後続の l の
影響によるものです。

wor　 →　wur
al　 →　aul　（→ au）

w のない chalk, talk などでも -alk が /ɔ:k/ となることを考
えれば，walk の al の発音は w とは関係がないことがわか
ります。

walk（wauk）/wɔ:k/　cf.　balk　chalk　talk
work（wûrk）/wɚ:k/　cf.　world　worm　word

　発音の個人差，方言差により /ɚ:/ が「オー」，/ɔ:/ が
「アー」のように聞こえる（au, aw が /ɑ:/ と発音される）こ
ともあり，さらに混乱することもありますが，綴りと発音
の関係は上で説明したとおりです。

7.10 i, u が母音字間に使えない理由と v の後の e

　前の章で v の後には母音字が必要で，母音がなければ

黙字の e が添えられることを見ました。では，なぜ v の後には母音字が必要なのでしょうか。

これには v-u-w と j-i-y の間の複雑な役割分担が関係してきます。

v	j	子音字
u	i	母音字
w	y	子音字　母音字

現在は u と i は母音字，v と j は子音字ですが，元々 u と v，i と j は同じ文字で，母音字としても子音字としても用いられました。現在 upon, queen と書く単語は vpon, qveen とも書かれました。次の画像は1611年の『欽定訳聖書(きんてい)』からの１ページで，右は本文冒頭を拡大したものです

※ https://www.kingjamesbibleonline.org/Genesis_1_1611/

が，Heauen (Heaven), voyd (void), vpon (upon), mooued (moved) の綴りが確認できます。アルファベットの配列で i と j，u と v（そして w）が並ぶのは元々同じ文字が分化したものだからです。この u と v，i と j の区別がなかったことが，母音字間で i, u が使えないこと，v の後ろには母音字が続くようになっていることと関係してきます。

　各文字の使われ方を比べてみましょう。

	A	B	C	D	E
1	×mai	×cri	×mai	×lou	
2	may	cry	may	low	×lou (lov)
3	main	crier	×maior (major)	×louer (lover)	loue (love)
4			mayor	lower	

語末では i, u は用いられない（1A〜1D）ので，代わりに y, w を用います（2A〜2D）。3A の main のように n が続けば語中になるので i で OK。同じく 3B の crier でも語中なので i で問題ありません。では同じように may に -or を付けたら 3C の maior になるかというと，これはだめ。というのも，これは major と解釈されてしまうためです。今なら i と j の字形の違いで区別できますが，昔は i と j は同じ文字の異なる字形という扱いでした。maior では /méɪə/ か /méɪdʒə/ かわからなくなってしまいます。/méɪə/ は mayor（4C）と綴ることにすれば，maior (major) で /méɪdʒə/ を表すことができます。

　同様に，lou では u が語末になるので 2D のように low とします。-er を付ければ語中になるので 3D の louer でいいかというと，これでは lover と解釈されてしまうので，

u が子音字（v）ではなく母音字であることを示すのに w を用いて lower（4D）とします。サーチエンジンで「shakespeare "the louer"」で検索すると，シェイクスピアの作品で lover が louer と綴られている例を見ることができ，実際に louer で lover を表していたことが確認できます。（「shakespeare louer」だとフランス語の動詞 louer を含むページがヒットしてしまうので，定冠詞 the を付け，" " で囲んでフレーズ検索にして英語に限定しています。）

　love（loue）の e も昔は [ə] と発音されていました。母音(字)に挟まれていれば u/v は子音字である可能性が高く，[v] で読むことができる。e [ə] はのちに脱落しますが，e があれば u/v が子音字だとわかるので残され，u/v を子音字として読むことを示す標識として働くようになったわけです。

　このように，現在のような i と j, u と v の区別がなく，字形ではなく文字の並びでどちらかわかるような綴りになっているため，伝統的な語は現在でも i/j, u/v を入れ替えてもどの語かわかる綴りになっています。

upon	loue	queen	value
vpon	love	qveen	valve
υpon	loυe	qυeen	valυe

上の3列目では u, v の代わりに中間的な字形のギリシャ文字のユプシロン υ を使っていますが，何の語かがわかります。value と valve では区別が付けられなくなりますが，こういう語はほとんどありません。

　長音標識として用いられる黙字の e が子音字 v の標識と

もなったため，līve-līve, hăve-behāve, gĭve-gāve のように，
v の後に黙字の e があっても先行母音字が短音か長音か判
断が付かない綴りになってしまいました。

　母音字間では子音字と解釈されるため，母音字としての
i, u は使えない。そして，u を子音字として読ませるため
に母音字の e を書かなければならない。そのため語末の
[v] は ve と綴られる。そうであれば，j の後にも e が必要
になるのか。v と違い j の後に母音字が来なければならな
いという制約は聞きません。これは，j /dʒ/ は音節の先頭
で母音の前にしか現れず，音節末では j が用いられること
がなく，g が用いられるためです。

　v-u-w と j-i-y の区別が確立している現在の目で見ると，
何でこんな複雑な綴りにしてしまったのか，という気にな
りますが，当時使える文字をどうにかやり繰りし，発音，
語の区別が付くように，読みやすくなるように，と工夫し
た結果だと思うと，受け止め方も少し変わってこないでし
ょうか。

7.11 c の読み方：cycle の 2 つの c の発音が異なる理由

　cycle /sáɪkl/ の 2 つの c の 1 つ目は /s/，2 つ目は /k/ と読
まれます。同じ文字なのに /s/ と /k/ の発音があるのはな
ぜでしょうか。

　実は大本のラテン語では c はすべて /k/ と読んでいまし
た。世界史の授業では Cicero は「キケロ」で出てきます
が，現在の英語での発音は /sísəròʊ/ で，c はどちらも /s/
と読まれます。これは，元々 c は /k/ と発音されていたの
が，のちの音変化により /s/ と発音されるようになったた

めに起きたことです。この変化が起きたのは前舌母音の前で，前舌母音を表すe, i, yの文字の前でcを/s/と読む習慣ができましたが，英語はその綴り方をフランス語から取り入れました。英語ではその後，長音iが/aɪ/，長音aが/eɪ/となり，音と文字がずれてしまいましたが，e, i, yの前ではcは/s/という読み方は残ることになりました。

　一度この習慣ができると，今度は，それまでcでは綴っていなかった/s/をcで綴る語も出てくるようになります。mouseとmiceのように，単数形ではsを，複数形ではcを使うものがありますが，これは後から　複数形にcを用いるようになったものです。iceも昔はisと書いていました。iceなら語末子音が/s/であることも，iが長音であることも示せ，内容語の綴りを3文字にすることもでき，さらにはbe動詞のisとも区別が付き，と都合がよかったのでこの綴りになったのでしょう。since, hence, once, twiceの/s/も，副詞always, sometimes, nights, needsなどに残っている接辞の-sでしたが，のちに-ceで綴られるようになったものです。

7.12 発音記号で jet が「ジェット」ではなく 「イェット」となる理由

　英単語のjetは「ジェット」/dʒet/と読みますが，発音記号で/jet/と書かれていたら「イェット」でyetの発音を表します。同じjが，英語の文字としては「ジュ」/dʒ/と読まれ，発音記号では「ユ」/j/と読まれますが，どうしてこんなことになっているのでしょうか。

　IとJは元々同じ文字でした。母音 [i] と半母音 [j] が

似た音であることは第一部で見たとおりですが，母音字の I（J）は半母音 [j] を表す文字としても使われました。日本語で [je] を「イェ」と書くことを考えると，I で [j] の音を表すのも不思議ではないでしょう。[j] の舌の位置をさらに上げると摩擦音が生じ，「ジ」のような音になりますが，言語によってはこれがさらに [ʒ]，[dʒ] と変化していき，I で [dʒ] を表すようになります。シェイクスピアの時代でも I と J は同じ文字で，どちらの字形も母音字としても子音字としても用いられましたが，のちに母音字に I，子音字に J を用いるようになりました。I, J で [j] を表していた言語では J が [j] を，[ʒ, dʒ] を表していた言語では J が [ʒ, dʒ] を表すようになりました。発音記号では半母音（接近音）を表す記号として [j] が採用されたため，英語の jet の発音は IPA では [dʒet] で，[jet] は yet の発音を表すという複雑な関係になりました。

　y は昔の英語では [y] という発音を表しました。[y] は [i] の舌の位置で唇を円めて発音する母音です。この母音はのちに唇の円めがなくなり [i] に合流し英語では使われなくなりましたが，それで y の文字は用いられなくなったかというと，子音（半母音）の [j] を表したり，語末で母音字 i の代わりに使われたりするようになりました。yard, day は昔は geard, dæg と綴られ，g は [j] と発音されていましたが，この g は y に置き換えられました。現代英語では [y] の母音は使われず，この記号を [j] の代わりに使っても支障はないため，j [dʒ] との混乱を避け j の代わりに y を用い，yet の発音を [yet] と表記する辞書もあります。

7.13 発音しない文字：
know, island に読まない文字がある理由

knowのkは元々発音していました。発音通りにkと書いたわけですが，発音されなくなった後も綴りに残ったために，書かれているのに発音されないことになりました。発音しないんだったら書かないようにすればよかったのに，という気にもなりますが，一度knowで慣れてしまうとなかなか変えられないものです。日本語でも助詞のwaは「は」と書きますが，慣れてしまうと発音通り「わ」と書けといわれても，「わ」では違和感を覚え，変えるほうが面倒という気になるのと同じです。know, knight ならnow, night と区別が付いて便利というところもあります。

なお，acknowledge にも know が含まれていますが，このkは読みます。これは前に母音があるので落ちなかったものです。ちなみに，pteranodon（プテラノドン，翼竜の一種）の pter はギリシャ語の「翼」から来ていますが，英語では語頭に /pt/ という音は来ることができないので，pt- は /p/ を省略して /t/ と読みます。helicopter の pter も同じで，helico「螺旋」＋ pter「翼」。こちらの p は前に母音があるので読むのに問題なく，pt は /pt/ と発音されますが，似たようなところがあります。

listen, glisten, castle, whistle, wrestle などの t も元々発音していたもの。形容詞 soft, fast に -en を付けた動詞soften, fasten，さらに -er を付け名詞にした softener, fastener でも t は発音されません。often でも t が脱落しましたが，のちに綴りにあるからと t が発音されるようになり，t が黙字の読みに加え t を読む発音も聞かれます。

　climb の b も元々発音していました。-mb の b が発音されなくなり，語末の /m/ が m と綴られる場合と mb と綴られる場合が出てきました。そのせいで thumb のように元々 b はなかったのに mb で綴られるものも出てきてしまいました。

　island の発音はアイランド /áilənd/。iland と綴れば発音通りの綴り（īland）になりますが，なぜか読まない s が入っています。この s は勘違いから入ってしまったものです。「島」を表す語に isle がありますが，こちらの s は元々発音されていたものです。ただし，フランス語から英語に入ってきた時点では既に s は発音されなくなっていたので ile でよかったわけですが，後で元々のラテン語では s が発音されていたからと s を書く人が出てきました。こういう語源を基に書き換えられた綴りのことを「語源的綴り字」といいます。iland は isle とは別の語ですが，意味と発音が似ているため，isle + land と誤解され，island と書かれるようになってしまいました。

　could の l も読みませんが，これも誤解から書くようになってしまったものです。元々 would と should は will と shall の過去形で，こちらは発音されていた /l/ が脱落した後も綴りに残ったものです。can には /l/ はなく，過去形も coud と綴られていましたが，would, should に合わせ l を入れ could と綴られ，この綴りが定着してしまいました。

7.14 省略記号，分離記号のアポストロフィーとピリオド

　単語の綴りにはアポストロフィー <'> やピリオド <.> も使われるので，これらの記号の用法についても確認しま

しょう。<'> と <.> には省略記号としての用法と分離記号としての用法があります。

　まずはアポストロフィーから。次の例に見られるように <'> は省略記号として用いられます。

it's < it is　　he'll < he will　　let's < let us
o'er < over　　'cause < because　　'91 < 1991
int'l < international　　gov't < government
o'clock < of the clock　rock'n'roll < rock and roll

Halloween は Hallowe'en と書かれることもあります。Halloween は All-Hallow-Even の略で，万聖節（All Saints' Day）の前夜祭（イブ）のことですが，e'en は even（夕べ，cf. evening）の略で，<'> は v が省略されていることを表しています。

　中学生のときに isn't が出てきて，なぜ is'nt じゃないんだろうと思いましたが，それは it's（< it is），I'm（< I am）ではちょうど 2 つの要素の間に挟まる形になっていたので <'> を文字の省略を表すものではなく 2 つの要素をくっ付けるものと誤解していたからでした。大学に入ってから o'er（< over）を見たときに，is not が is'nt ではなく isn't になる理由が理解できました。

　所有格を表す 's の <'> も元々省略記号でした。所有格の語尾の母音が脱落し 's と書かれたものが，省略のなかった他のケースにも使われ，さらには students' のように複数形の -s の後にも付けられるようになったものです。

　<'> は区切り記号として用いられることもあります。CD の複数形は CDs とも CD's とも書かれますが，後者で

は <'> が語幹と接辞の切れ目を表します。「3つの i」を three is としたら読みにくいので，*is* のように語幹をイタリックにして接辞部分が区別できるようにするか，i's のように <'> で区切って表します。x が「x 印を付ける」などの意味の動詞として使われることがあり，活用形として xed, xing に加え x'ed, x'ing も使われますが，この場合も <'> は区切り記号として使われています。日本語のローマ字表記でも，tani（谷）と区別し tan'i（単位）と書く場合など区切り記号として用いられることがあります。

　文末に使う <.> の用法はお馴染みだと思いますが，<.> は http://www.xxx.yyy.zzz.jp のように区切り文字として使われることもあります。

　<.> には省略記号の用法もあります。<'> は省略した文字の部分に挿入しますが，<.> は省略した語の最後に付けます。

Mr. < mister　　ft. < foot, feet　　cf. < confer

U.S.A. < United States of America

a.m. < ante meridiem　　p.m. < post meridiem

A.D. < anno Domini　　B.C. < before Christ

a.k.a. < also known as

<.> を区切り記号のように捉えてしまい，U.S.A のように最後の文字に <.> を付け忘れることがよくあるので，注意しましょう。

　例を表す e.g. と ex. で <.> の数が違うのは，それぞれ exempli gratia と example の略だからです。「すなわち」を表す i.e. と viz. でも <.> の使い方が違います。i.e. は id est という2語の省略なので各文字に <.> が付くのに対し，viz. は videlicet という1語の省略で最後に1つだけ <.> を付けます。z は元々 and の意味のラテン語 et を表す <ꝯ> という記号で，発音が同じなので videlicet の et の部分に用いられ（viꝯ），さらに形が似ていることから <z> に置き換えられたものです。通例 namely と読まれますが，viz. の綴りから /vɪz/ とも読まれます。別名を表す a.k.a. を最後に <.> を付けず a.k.a と書いたり，cf. に不要な <.> を挿入し c.f. と書いたりしてしまうミスは結構目にするので注意しましょう。

January, February が3文字＋ <.> の形式で Jan., Feb. と書かれることがありますが，元々3文字の May では省略するところはないので省略記号は付けません。

7.15 綴りの表語性，表形態素性

意味を持つ最小の言語単位が形態素で，接辞も意味を持ち形態素となります。語は1つ以上の形態素から構成されます。たとえば sprinters は3つの形態素 {sprint}，{er}，{s} から構成されます。

アルファベットは表音文字で，基本的に語の音を表しますが，発音が同じでも綴りの違いにより異なる語であることが示されることがあります。たとえば次の語は発音は同じでも綴りで区別されます。

be	see	side	taut	night	straight
bee	sea	sighed	taught	knight	strait

vain	rain	sight	sent	rode	right
vein	rein	site	cent	road	rite
vane	reign	cite	scent	rowed	wright
				roed	write

right, rite, wright, write の場合，昔はすべて異なる発音で，綴りはその発音を反映したものでしたが，強勢のない語末の e [ə] と語頭の wr /wr/ の /w/ が脱落，igh は [iç] → [ij] → [iː] と変化し他の [iː] と合流，[iː] は大母音推移を経て [aɪ] になる（そしてふるえ音 [r] は接近音 [ɹ] に変わる）という歴史的な音変化により発音が同一になってしまいました（gh [ç] は「ヒ」の子音のような音）。

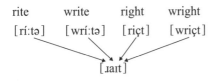

rite　　write　　right　　wright
[ríːtə]　[wríːtə]　[riçt]　[wriçt]

[ɹaɪt]

昔の発音を反映した綴りが維持された結果，同音異綴異語(いてつ)（発音は同じだが綴りが違う別の語）となりました。発音だけからは綴りが1つに決まらず，単語ごとに綴りを覚える必要が生じましたが，読む際には綴りの違いでどの語のことかがわかるというメリットもあります。日本語でも同音の「入る，要る，居る，射る，炒る，煎る，鋳る」の違いを覚えるのは手間ですが，一度覚えてしまえば，書き分けができ意図を確実に伝えられるので便利です。

　次の例からわかるように語(形)の同定には記号の有無，位置も関わります。

/sʌnz/

sons　複数形

sons'　複数形所有格

son's　単数形所有格，単数形 + is/has の縮約形

　発音が同じで綴りが違う語については，綴りのレベルでの表語機能，表形態素機能（以下，まとめて表語機能）が見て取りやすいですが，同音異綴異語のない語の綴りにも表語機能はあります。

　最初，綴りと語は発音を介して結び付きますが，

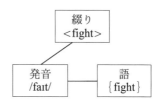

綴りが慣習化し定着すると，綴りそのものが語と結び付くようになります。

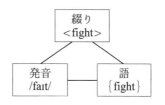

その結果，発音が変化しても綴りは変わりにくくなります。

　nature に -al が付くと natural になり，発音は /néɪtʃɚ/ から /nǽtʃərəl/ に変わりますが，/ə/ が落ち 2 音節で /nǽtʃrəl/ のようにも発音されます。発音通り綴ることにすれば，発音記号のような表記を取り入れることになりますが，それではこの 2 語の関係がわかりにくくなります。現状の綴りなら natur- の部分の綴りは変わらず語の構造・対応関係が視覚的に捉えやすくなります。

nature	/néɪtʃɚ/	photograph	/fóʊtəgræf/
natural	/nǽtʃrəl/	photographic	/fòʊtəgrǽfɪk/
refer	/rɪfɚ́ː/	photography	/fətágrəfi/
reference	/réfrəns/	photographer	/fətágrəfɚ/

　woman の複数形は wimmin と綴れば発音はよくわかりますが，単数形の綴りとの乖離が大きくなります。

woman　/wʊ́mən/
women　/wímɪn/

wi- ではなく wo- で綴り，man に対応する複数形であることを示すためには men とし women と綴ったほうが，発音と綴りが乖離することになっても，woman との関係がわかりやすくなります。
　歴史的には元々同じ語を表していた複数の綴り（異綴同語）が，それぞれ異なる語義，用法と結び付き，別語と認識されるようになることもあります。たとえば，flower-flour, to-too, of-off はどれも元は同じ語でしたが，現在は別の語と認識されています。

日本語の文章を速読する際，一々音声化せずに文字・綴りから，直接，語にアクセスすることもよくあります。英語でも発音の介在なしに（あるいは発音と同時に）綴りと語が対応付けられることは普通に行われます。元の綴りに見た目が似ていれば，本来の発音を表せない綴りでも，その語と認識できることからも，綴りから完全に語の発音が得られたのちに語へとアクセスするのではないことがわかります。次のような誤った綴りでも，文章中に出てきたら何の語かすぐにわかります。

元の綴り	並べ替え	文字の欠落	
fight	fghit	figt	fght

英語を読み慣れた人なら，次のように文字の一部を見ただけでも元の語を推測することはそれほど難しくないでしょう。

　次の a は文字の並びを変えたもので，b は 3 文字以上の語の母音字を伏せ字にしたものですが，これでも（他の情報も利用し）語が同定でき推測して読むことができます。

a. Aoccdrnig to a rscheearch at Cmabrigde Uinervtisy, it deosn't mttaer in waht oredr the ltteers in a wrod are, the olny iprmoetnt tihng is taht the frist and lsat ltteer be at the rghit pclae. The rset can be a toatl mses and you can

sitll raed it wouthit porbelm. Tihs is bcuseae the huamn
mnid deos not raed ervey lteter by istlef, but the wrod as
a wlohe.

※ http://www.mrc-cbu.cam.ac.uk/people/matt.davis/cmabridge/

b. ●cc●rd●ng to a r●s●●rch●r at C●mbr●dg●
●n●v●rs●t●, it d●●sn't m●tt●r in wh●t ●rd●r the
l●tt●rs in a w●rd ●r●, the ●nl● ●mp●rt●nt th●ng is
th●t the f●rst ●nd l●st l●tt●r be at the r●ght pl●c●.
The r●st c●n be a t●t●l m●ss ●nd y●● c●n st●ll
r●●d it w●th●●t pr●bl●m. Th●s is b●c●●s● the
h●m●n m●nd d●●s n●t r●●d ●v●r● l●tt●r by its●lf
b●t the w●rd as a wh●l●.

逆に，規則により音は再現できても綴りが本来のものと異
なると語の同定に支障が出ます。

phite	bigher	teeture	praseeger	scyse	cikiatrie
/faɪt/	/báɪɚ/	/tíːtʃɚ/	/prəsíːdʒɚ/	/saɪz/	/saɪkáɪətri/

このように表音文字であるアルファベットも綴りのレベ
ルでは表語性があり，語と直接の結び付きを持ちます。
「表音文字」というのは，文字の基本的な性質に基づいた
分類で，文字・綴りが表語性を有することを否定するもの
ではないことに注意する必要があります。

上記例の元の綴り
fight　buyer　teacher　procedure　size　psychiatry

第8章

英語の綴りの体系を理解する
ためのポイント

この章は第二部「綴り字編」のまとめです。これまでの
内容の基本をおさらいし，さらに前章まででは扱っていな
いものも含め，英語の綴り全体についてまとめて説明しま
す。

8.1 綴りの仕組み全体を捉えるための8つのポイント

英語の綴り全体の仕組みを理解するのには次の8つのポ
イントを押さえることが大切です。

1. 文字・綴りと発音の違いと両者の関係
2. 文字の名称と音価（発音）の違い
3. 強勢の有無と音価
4. 単母音字と複母音字の違い
5. 発音上と綴り字上の音節（開音節と閉音節）と母音
   (字)の発音
6. 黙字の母音字 e の働き
7. 重子音字の働き
8. 語構造と綴り（表語性，表形態素性）

以下，1つずつ簡単に解説しますが，ポイントを確認して

から，第二部「綴り字編」の最初に戻って読み直すとよい
でしょう。

1. 文字・綴りと発音の違いと両者の関係

　英語の綴りでは，体系的ではあるが歴史的な事情から文字・綴りと発音の間にずれが生じているため，仕組みを理解するにはそのずれを理解し，発音と文字・綴りを区別して考える必要があります。たとえば，音を表す「母音」と文字を表す「母音字」ははっきり区別して考えないといけません。

2. 文字の名称と音価（発音）の違い

　子音字 B, b の名称は /biː/ で音価は /b/，C, c は名称 /siː/ で音価 /k, s/，母音字 A, a は名称が /eɪ/ で音価は /eɪ, æ, ɑː, ɪ, ə/，など，文字の名称と音価を区別して捉えましょう。母音字では音価の１つ /eɪ/ が名称として使われているため混乱しやすいですが，名称の /eɪ/ と音価の /eɪ/ は区別して考える必要があります。UFO を /jùːefóʊ/ と読んだときの /juː/ は文字 U の名称で，/júːfoʊ/ なら /juː/ は U の音価で読んでいることになります。

　　名称での読み　UFO　/jùːefóʊ/
　　音価での読み　UFO　/júːfoʊ/

3. 強勢の有無と音価

　英語では強勢（アクセント，ストレス）がある場合とない場合で発音が大きく変わりますが，文字・綴りの音価について考えるときも強勢の有無は重要なポイントとなりま

す。begin-beginning, sit-sitting, visit-visiting のように接辞
を付けるときに重子音字を用いるかどうかにも強勢の有無
が関わります。

4. 単母音字と複母音字の違い

　単独で 1 つの母音を表す単母音字 a, e, i, o, u, y と，ee,
oo, oa, ew, oy のように複数で 1 つの母音を表す複母音字
があります。単母音字の連続（e.g. pie, blue, suicide, create）
と複母音字（e.g. see, play, fruit, creature）は混乱しやすいで
すが，別のものなので，区別して捉える必要があります。

5. 発音上と綴り字上の音節（開音節と閉音節）と母音（字）の発音

　複母音字の発音は音節構造によって変わりません（e.g.
bee-beet）が，単母音字は開音節か閉音節かで発音が変わ
る（e.g. be-bet）ので，音節構造と発音の関係を押さえるこ
とが重要です。

6. 黙字の母音字 e の働き

　英語ではそれ自身発音されない（＝サイレント，黙字の）
母音字の e が多用されます。黙字の e はいろいろな目的で
使用されるので，各語における黙字の e の働きを理解する
ことが重要です。

7. 重子音字の働き

　bb, ll, nn などの同じ子音字を重ねた重子音字も複数の
目的で使用されるので，各文字における働きを押さえるの
が重要です。本書では扱いませんでしたが，重子音字と同

様の働きをする dg, cq のような「隠れ重子音字」もあります。

8. 語構造と綴り（表語性，表形態素性）

　アルファベットは表音文字ですが，綴りのレベルでは表語・表形態素機能が見られ，綴り方にも影響を与えます。黙字の e，重子音字などが表語的役割を果たすこともあります。

　この後は基本的なところのおさらいをしましょう。

　日本語と違い，英語では強勢があるかないかで母音字の音価は大きく変わります。強勢がある音節とそこに現れる母音が「強音節，強母音」で，強勢のない音節とそこに現れる母音が「弱音節，弱母音」です。強母音には長音と短音の区別があります。

　　単母音字 e の場合

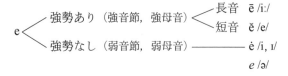

　母音字には，1字で1母音を表す単母音字と，2字以上で1母音を表す複母音字があります。

複母音字―――――長音　ee /iː/　　　oa /oʊ/　oy /ɔɪ/
単母音字 { 開音節―長音　ē /iː/　ī /aɪ/　ō /oʊ/
　　　　　{ 閉音節―短音　ĕ /e/　ĭ /ɪ/　ŏ /ɑ|ɔ/

　強母音の単母音字の音価には短音と長音があります。r が後続し，音が変形することがありますが，変形した音にも短音・長音に対応した違いがあります。

短音	長音	短音 + r	長音 + r
ă /æ/ mằt	ā /eɪ/ māte	ằr /ɑɚ/ car	ār /eɚ/ care
ĕ /e/ mĕt	ē /iː/ mēte	ĕr /ɚː/ her	ēr /ɪɚ/ here
ĭ /ɪ/ sĭt	ī /aɪ/ sīte	ĭr /ɚː/ fir	īr /aɪɚ/ fire
ŏ /ɑ/ nŏt	ō /oʊ/ nōte	ŏr /ɔː/ for	ōr /ɔː/ fore
ŭ /ʌ/ cŭt	ū /juː/ cūte	ŭr /ɚː/ cur	ūr /jʊɚ/ cure
y̆ /ɪ/ gy̆m	ȳ /aɪ/ bȳte	y̆r /ɚː/ syrup	ȳr /aɪɚ/ tyre

単母音字の音価には基本的な長音とは違う第2長音もあります。

ä　/ɑː/　mä　　　　father lager 英tomato glass bath
ë　/eɪ/　cafë　　　fiance suede re
ï　/iː/　machïne　police marine trio mi
ö　/ɔː/　米cöst　　米long cloth dog
ü　/uː/　blüe　　　true rule glue cruel June

　複母音字は2文字以上（多くは2文字）で1つの母音を表します。長音が基本ですが，ea, oo には短音もあります。

ee	/iː/	see	o͞o	/uː/	pool	ie	/iː/	field
e͞a	/iː/	sea	o͝o	/ʊ/	look	ei	/iː/	receive
e͝a	/e/	head	oa	/oʊ/	boat	ui	/(j)uː/	suit
							/uː/	fruit
ai	/eɪ/	mail	au	/ɔː/	laud	ȯu	/aʊ/	foul
ay	/eɪ/	may	aw	/ɔː/	law	ȯw	/aʊ/	bow
ei	/eɪ/	feint	eu	/juː/	feud	ōu	/oʊ/	soul
ey	/eɪ/	they		/(j)uː/	deuce	ōw	/oʊ/	snow
oi	/ɔɪ/	boil	ew	/juː/	few			
oy	/ɔɪ/	boy		/(j)uː/	dew			
				/uː/	flew			

r が付くと単母音字のときと同様の変化をします。

単・長	ē	/iː/	＋r	→	ēr	/ɪɚ/	here
複・長	ee	/iː/	＋r	→	eer	/ɪɚ/	beer

単・長	ā	/eɪ/	＋r	→	ār	/eɚ/	hare
複・長	ai	/eɪ/	＋r	→	air	/eɚ/	hair
複・長	ei	/eɪ/	＋r	→	eir	/eɚ/	heir

単・長	ō	/oʊ/	＋r	→	ōr	/ɔɚ/	sore
複・長	oa	/oʊ/	＋r	→	oar	/ɔɚ/	soar

/ɪɚ/	eer	deer	/ɔɚ/	oar	soar	/ʊɚ/	oor	poor
	ear	dear	/eɚ/	air	air	/jʊɚ/	eur	euro
	ier	tier		eir	their	/aʊɚ/	our	our

強勢のない音節では母音は弱化し，弱母音となります。

/ə/	*a e o u ou ...*	*a*gó fú*e*l lém*o*n álb*u*m fám*ou*s
/ɚ/	*ar er ir or ur yr*	lí*ar* tí*er* elíx*ir* érr*or* áug*ur* sát*yr*
/i, ɪ, ə/	*i y ė*	vís*i*t cóok*i*e cít*y* rėmínd sím*i*lė
	ai ay ey à	cért*ai*n Súnd*ay* món*ey* prív*a*te
/(j)u, (j)ʊ,	*ū eu ūr*	cúm*u*late ridíc*u*lous pn*eu*mónia
(j)ə, (j)ɚ/		fig*u*re fail*u*re proced*u*re

子音字にも，1字で1つの子音を表す単子音字，同じ子音字2つで1つの子音を表す重子音字，複数の文字で1つの子音を表す複子音字があります。重子音字も複子音字の一種です。

単	b d f h j k l m n p q r š š t v w y z
重	bb dd ff　　ck ll mm nn pp　　rr šš (šš) tt　　zz
複	ch /tʃ/, ph /f/, sh /ʃ/, t̥h /θ/, ï̥h /ð/; wh /(h)w/; ng /ŋ/

c と g の音価は前母音字 e, i, y の前では軟音，それ以外は硬音が原則です。

| 軟音 | ċ /s/ | center city policy | ġ /dʒ/ | gentle giant gym |
| 硬音 | č /k/ | cat cut clean music | ǧ /g/ | gap golf green big |

x には3つの発音があります。

語末	語中	語頭
x̊ /ks/ box	x̊ /ks/ next	ẋ /z/ xylophone
	ẍ /gz/ exist	

8.3 重子音字の働き

音節構造を調整したり語を長く綴ったりするために綴り字上，何らかの文字が必要な場合，必要な文字が母音字なら黙字の e が，子音字なら重子音字が用いられます。

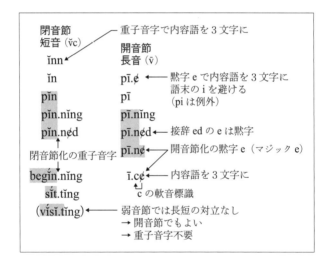

単子音字の b と重子音字の bb が表す音は同じ /b/。つまり重子音字は 1 字分黙字となります。この，文字数は増えるが発音は変わらないという特性から，次のような複数の目的で使用されます。

〈音節構造の調整〉

-ing, -er など母音字で始まる接辞を付加する際，綴り字上，単母音字・短音が開音節に生じるのを避けるため，重子音字を用います。重子音字は黙字の e と逆の働きをします。

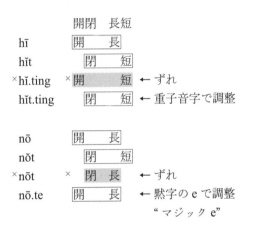

〈文字数を増やし語を長くする〉

単子音字の代わりに重子音字を用いることで，発音を変えずに文字数を増やします。同じ重子音字が同時に複数の働きをすることもあります。

■短い語を3文字にする

leg /leg/ は閉音節で e は短音 ĕ となります。同様に eg で /eg/ と読めますが，2文字なので重子音字を用いて3文字の egg にします。

pǎd　wěb　lěg　hěr̄　tǐn　pǒd　　重子音字不要
ădd　ěbb　ěgg　ěr̄r　ǐnn　ŏdd　　重子音字で3文字に

■ l などの子音字で語末で綴りを長くする

単音節語，単母音字・短音の後の /f, s, l, k/ は重子音字で綴られます。k の重子音字は kk ではなく ck です。

stiff　stuff　glass　mess　bill　fell　back　pick

ball /bɔːl/, roll /roʊl/ のように l /l/ により長音化する a, o も綴り字上は短音に準じて扱われ，重子音字 ll が用いられます。

ball　bell　bill　boll　bull

■ 単音節語の綴りを長くする

単音節語の単母音に続く子音に重子音字が用いられることがあります。

| 複音節 | until | April | patrol | colorful | logical |
| 単音節 | till | prill | roll | full | call |

| 複音節 | almost | almighty | already | always |
| 単音節 | all | ball | call | fall | hall | mall | tall | wall |

| 複音節 | topic | maniac | public | logic |
| 単音節 | back | peck | pick | stock | duck |

230

■ 単母音字の後で綴りを長くする

　単音節語でも，前が〈複母音字〉か〈母音字＋子音字〉ならば単子音字，〈単母音字〉なら重子音字になります。

複母音字	feel	cool	peek cloak
母音字＋子音字	hurl	pearl	park
単母音字	fell	hull	pack clock

〈語末の s が接辞ではないことを示す〉

　語末の重子音字 ss には /s/ が接尾辞（名詞の複数，動詞の三人称・単数・現在）でないこと，発音が /z/ ではなく /s/ であることを示す働きもあります。

princes	needles	tackles
princess	needless	tackless

8.4　黙字 e の表音的機能と表形態素的機能

　これまで黙字の e のいろいろな働きについて見てきましたが，この節では表音と表語・表形態素の機能の観点から整理し直します。

　アルファベットは表音文字ですが，綴りのレベルでは表語性，表形態素性が見られ（表語性，表形態素性に配慮した綴りとなってい）ます。黙字の e はそれ自体は何の音も表しませんが，他の文字の音を表したり（表音的機能），形態素の表示に関わったり（表形態素的機能）します。

■ 黙字の e の表音的な働き

　c, g は前母音字 e, i, y の前では軟音 /s, dʒ/，それ以外では硬音 /k, g/ で発音されるのが基本でした。topic の c の後ろに前母音字はないので発音は /k/。語末の c を /s/ と読ませたいときには，office のように読まなくてよい前母音字の e を付けます。この場合の e は先行する子音字 c の音を表す働きをしています。

　hurl になくて hurdle にある黙字の e は dle が音節を形成することを示します。hurl の l /l/ は単独では音節を形成しないので，e は付けません。hur.dle の第 2 音節は l /l/ を中心に音節を形成します。こういう場合に英語では黙字の e を付けます。これも発音に関わる用法です。

　tube の黙字の e はマジック e で，先行母音字の u が長音であることを示す働きがあります。

tub 　　　u は短音

tu.be 　　u は長音

tub に続く接辞が母音字を含んでいれば tu は開音節となり長音で読むことができますが，そういう接辞が続かないときに，代わりに読まなくてもよい e を付け，u の発音が長音であることを示します。（e のない tub では閉音節なので u は短音になる。）

tū.bal 　　tū.būle 　　tū.b¢d 　　← e は黙字

tū.ber 　　tū.bў 　　　tū.b¢ 　　← マジック e

tū.bing

　このように office, hurdle, tube に黙字の e を添えるのは表音的な用法です。

■黙字の e の表形態素的な働き

　黙字の e には表形態素的な用法もあります。次の上下の組の発音は同じです。

| band | road | find | bald | mist | rapt | laud |
| banned | rowed | fined | balled | missed | rapped | lawed |

下段の -ed の e は黙字となりますが，-ed と綴ることで /d, t/ が接辞であることが示されます。

　接辞が付く順番には決まりがあり，屈折接辞（活用形の語尾）は派生接辞よりも右側に来ます。英語では屈折接辞の数は最大1つ（1か0）です。屈折接辞の後には派生接辞も別の屈折接辞も来ることができません（handsful などは例外）。

　cleaner, cleans, cleaners は次のように分解して考えることができます。

```
cleaner    {clean}{er}
cleans     {clean}{s}
cleaners   {clean}{er}{s}
```

cleaner には〈形容詞 clean ＋ 屈折接辞 -er〉と〈動詞 clean ＋ 派生接辞 -er〉の可能性があります。

形　cleaner　＜形 clean ＋屈折接辞 -er（比較）

名　cleaner　＜動 clean ＋派生接辞 -er（行為者，道具）

これに s が付いた cleaners は {clean} ＋ {er} ＋ {s}。この場合，clean は動詞で，er は名詞を作る派生接辞，s は屈折接辞（名詞の複数）ですが，屈折接辞が他の接辞よりも右にあるので問題ありません。

cleanser, cleansing の場合，s が屈折接辞だと，他の接辞の -er, -ing がその右に来ていることになり不適格となるため，s は動詞 cleanse の一部として解釈されます。

cleanser	cleansing
×{clean}{s}{er}	×{clean}{s}{ing}
{cleans}{er}	{cleans}{ing}

-er, -ing などの接辞がない場合，s が接辞でないことを示すために，黙字の e を添えます。

cleans	pleas	tens	teas
cleanse	please	tense	tease

このように，banned（cf. band）や cleanse（cf. cleans）などの黙字 e には表形態素的機能があります。

■黙字の e が表音的かつ表形態素的に働く場合

1つの e が表音と表形態素の両方の機能を持つこともあります。ice の e は i の長音標識であり c の軟音標識でもありますが，どちらの機能も表音的です。

ice　　/aɪs/

iced　/aɪst/

ices　/áɪsɪz/

同じ /ɪn/ という発音でも in は前置詞・副詞で inn は名詞。重子音字 nn で 3 文字にすることで機能語ではなく内容語の名詞であることを示します。ice の e にも内容語を 3 文字で綴る働きがあり，副次的ですがその点でも表形態素的な機能があることになります。iced の e は黙字ですが，ice の e と同様に i が長音，c が軟音であることを示すと同時に d が接辞であることも示しており，表音と表形態素，両方の働きをします。

　try の y が長音なのは語末で開音節にあるためです。接辞 -ed を付けると語中になり y が i に替わりますが，trid では閉音節になってしまい i を長音で読むことができません。d ではなく黙字の e の付いた ed を付けることで見かけ上開音節となり（tri.ed），i を長音で読ませることができます。ices の e がそれ自身発音されるのに対し tries の e は黙字ですが，tried の場合と同様に綴り字上開音節を作り出すことで i が長音であることを示す表音的な働きがあります。またこの黙字の e は i と s の間に挟まることにより形態素の境界を表す働きもします。

　-y̆/-ĭ- が長音ではなく弱母音を表す場合でも，形態素の境界を示す機能は明白です。

fortis　　　　　　　　candid

forties (< forty + -s)　candied (< candy + -ed)

弱母音 i が開音節（語末，母音の前）や形態素末で弛緩音 /ɪ/ ではなく緊張音 /i/ になる方言では，黙字の e は表形態素的機能を持つと同時に表音的機能を持つことになります。

緊	forty	-y	/i/		弛	candid	-did	/dɪd/
弛	fortis	-is	/ɪs/		緊	candied	-died	/did/
緊	forties	-ies	/is/		緊	candies	-dies	/diz/
緊	fortieth	-ieth	/iəθ/		緊	candy	-dy	/di/

qualify に -er が付くと qualifier となり，語末の y は i に替わりますが，i に交替せず y のままの綴りも使われる語があります。

qualify   fly   dry

↓   ↓   ↓

qualifier   flier   drier

×qualifyer flyer dryer

このように，短い語では1文字の変化でも影響は大きくなるため，語（形態素）が識別しやすくなるように，一般的な規則を適用せず綴りを保持することがあります。前の章の「綴りの表語性，表形態素性」で見たとおり，元々音を表す綴りも，語・形態素との結び付きが確立すると，音を介さずに綴りそのものが語・形態素と結び付くようになります。

　語末の黙字 e についても同様のことが見られます。

```
toe      use
toeing   usable
         useable
```

　接辞付きの語形における黙字の e は，表音的にはなくても
よいが語・形態素の同定のしやすさのために残されるとい
う点では表形態素的な働きをしていることになります。

　use では e は u の長音標識として働き，また，内容語を
3 文字とする効果があります。-able を付けると，e なし
でも u が開音節となり，全体として 3 文字以上となるた
め，e はなくてもよくなります。したがって usable でよい
ことになりますが，e を残し useable とも綴られます。本
来の機能が不要となっても e が残されるのは形態素の同定
を容易にするためで，e は新たな働きをすることになりま
す。

　hinge の e は g の軟音標識ですが，-ing 形では i が前母
音字なので不要になり，hinging と綴られます。singe の e
も g の軟音標識で，表音の点では -ing が付けば不要とな
りますが，sing の -ing 形との区別のために残されます。

```
hinge     singe
hinging   singeing
          singing < sing + -ing
```

この場合の e も冗長ではありますが表音的な機能を持ち，
かつ，表形態素的な機能も持つことになります。

　die の -ing 形は dying。die の e は，i が語末となるのを
避け，i を長音で読ませるため開音節構造を保ったまま文

字数を3文字にするために付けられる黙字です。di の部分は2文字でも -ing が付けば3文字以上になり、また、i が語末にならないので e は不要になります。（ただし ii を避けるため i は y に替わります。）

　shy なら3文字で、y は語末でも OK なので、このままでよい。しかし dy では3文字にならないため、e を付け3文字にします。

dye　　　　染める、染料
dyer　　　　染物屋、染色業者
dyeing
dying ＜ die + -ing

-ing などの接尾辞を付ければ3文字以上になるので黙字の e は不要になりますが、die の -ing 形と同じ綴りになるのを避け e を残します。singeing の e と同様にこの e にも表形態素的な機能があります。dye では e は内容語を3文字にする働きがありますが、dyeing では語の区別のためにと、e の働きが変わることになります。

　語末の -y に強勢が来ないと弱母音の /i/ になりますが、この位置では -ey も /i/ を表すことができ、whisky と whiskey は同じ発音になります。

honey　money　monkey　whisky/whiskey

長音標識の e（マジック e）で終わる語に接辞 -y が付くときに e を残した綴りも用いられることがあります。

smoke　　smoking　smoker　smoky　smokey

この場合も，元の綴りにある e を保持し語の認定を容易に
するという点，および e が形態素の境界を表すという点で
表形態素的です。（whiskey の ey と同様に ey を複母音字とす
る可能性はあります。複母音字でないとしても複母音字 ey か
らの影響は考えられます。）

　名詞 smiley は〈名詞 smile + -y〉からなる形容詞を名詞
に転用したものですが，smily よりも e のある smiley のほ
うがよく使われます。

smile　　smily　　smiley
smiling　smilies　smileys
smiled

smiley の複数形は smileys。y の前が母音字なので -es で
はなく -s を付けます（cf. tries vs. plays）。この場合，通常
語中に現れない y が形態素の境界を示す働きをします。
smily に基づく smilies では -y は -i- に交替し -es が用いら
れますが，こちらでは e が形態素の境界を示すことになり
ます。

　-y で終わる語に接辞の -y が付くときには y の連続を避
け e が挿入されます。

clayey（< clay + -y）　skyey　wheyey

英語では ee, oo を除き同一母音字の連続は避けられるた

め，e を用いることで y の連続を避けるわけですが，この e は形態素の境界を示す働きもしています。（ey が複母音字の可能性もあります。）

次の語では e は u と y が別々に読まれることを示す分音記号として働いていますが，形態素の境界を示す働きもします。

gluey bluey cf. buy guy
joey cf. joy
blooey flooey gooey zooey

このように，黙字 e が表音的であると同時に表形態素的であることはよくあります。

黙字の e にはさまざまな機能・用法があり区別して捉える必要がありますが，同時に，1 つの e が複数の役割を果たすこともある点にも注意する必要があります。

8.5 make の -ing 形を makeing と綴らない理由

見出しを読んで，「あれ，それは既に説明しているのでは?」と思った人も多いかもしれませんが，正確にいうと，説明したのは e のある綴り makeing がだめな理由ではなく，e がなくても making で a が長音で読める理由でした。以下，おさらいも兼ね，これまで扱ってきたことと関連付けながら，makeing が不可となる仕組みを確認します。

「〜は用いられない」には，あるパターンに合ったら（あるパターンに反したら）だめというタイプと，必要ないの

にそのパターンにするのはだめ（余計なことをしたらだめ）
というタイプがあります。

　たとえば，i と u は語末，母音字間では避けられるとい
うのは直接だめとするタイプ。語末では y で語中では i と
いう規則があるにも拘わらず，loial, maior, betraial, plaied
とせずに，これに反した loyal, mayor, betrayal, played と
するのは，母音字間での i, u を避ける力が働くためです。
これに対し，直接そのパターンが禁止されるわけではない
が，そうする理由がなければ用いられないという種類のも
のもあります。/kæt/ を kat と綴らないのはこちらのタイ
プです。

cat	cattle	デフォルトの c /k/
kat	kattle	k にする必要はないので用いられない
kitten	kettle	前母音字の前では /k/ は k で綴る

アルファベットには /k/ を表す文字は c, k, q と 3 つありま
す。k の音価が /k/ なら，/kæt/ を kat と綴ることもできる
わけですが，この綴りは用いられません。英語では /k/ を
表す文字のデフォルトは c で，k と q は何か理由があると
きに用いられるものです。q は quick, quit, quiet, square,
squeeze のように /kw/ を表すときに qu の形で用いたり，
フランス語からの借入語 unique, technique などに用いら
れます。c は前母音字 e, i, y の前では /s/ を表すので，/k/
を表すのに使えないため，その場合には k が用いられま
すが，必要がない場合には用いられません。e, i, y の前，
語末でしか k は /k/ を表せないのではなく，k は常に /k/ を
表せるが，母音字の前で /k/ を表す文字のデフォルトは c

なので，必要がなければ k は使われないことになります。a の前で k を /k/ と読ませる可能性が排除されるわけではありませんが，理由がなければ ca が用いられるため ka の綴りは通常の綴りからは逸脱することになります。Kit Kat のように a の前でも K で /k/ を表すことはできますが，この Kat は Cat を綴り直したもので，意図的な逸脱です。

visit の -ed 形が visited で，重子音字を用いて visitted としなくてもいいのは，語幹末の -it に強勢がないからでした。強音節で見られる長短の対立が弱音節ではなくなり，音節構造の調節が不要になるため，母音字で始まる接辞を付けるときに重子音字を用いる必要はない。そう説明しましたが，次の語の綴りからわかるとおり，弱母音の後で重子音字を用いることができないわけではありません。

arrive /əráɪv/　address /ədrés/　illicit /ɪlísɪt/　ellipse /ɪlíps/
arise /əráɪz/　adrift /ədríft/　elicit /ɪlísət/

では，visited でも visitted でもいいということになるのかというと，もちろんそうはなりません。visitted それ自体は可能な綴りでも，visit の -ed 形としては認められません。明示的な形で述べていませんでしたが，これを不可とする仕組みが前提としてあるわけです。

　活用形の綴りを考える場合，名詞の単数形，動詞の原形などを基にするのが普通ですが，次の②のように語幹の部分を表す綴りを基に捉えてみると見方が変わってきます。②の文字列は語幹部分の各音を表すのに必要な文字を並べたものです。これで問題なければその綴りが使われますが，不都合があれば①④⑤⑥に示したような調整が行われます。

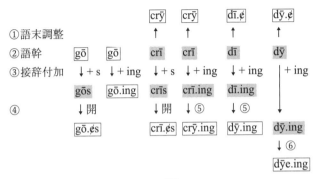

|abc| 実際に用いられる綴り　　abc 用いられない綴り
④音節構造調整（開：開音節化，閉：閉音節化）
⑤ii の回避　⑥同綴回避　　¢ は黙字

/goʊ/ は /g/ と /oʊ/ からなりますが，この 2 音を表すのに必要な文字は g と o の 2 文字。go で /goʊ/ と読め，高頻度の基本的な語で機能語に準じて扱われ 2 文字でも OK となり，この綴りがそのまま使われます。-ing を付け go.ing としても，o は開音節で長音で読むことができます。三人称単数現在形にするには -s を付けますが，gos では閉音節になってしまうため，黙字の e を加え go.es とし（④），o が長音で読めるようにします（gose でも o を長音で読めるが，s が接辞として解釈できない cf. roes vs. rose）。/kraɪ/ なら cri。そのままでは i が語末に生じてしまうので y に替えて cry とします（①）。-s を付ければ i は語末になりませんが，i が閉音節に現れることになってしまうので，goes のときと同じように e を加えて cri.es として i を長音で読ませます。-ing が付いた cri.ing では開音節なので i は長音で読め

243

ますが，iの連続（ii）が生じてしまうのでiをyに替え crying とします（⑤）。「染める」の /daɪ/ は dy。y は語末で使えますが，3文字にするために e を加えます。-ing を付けるときは，die の -ing 形 dying との衝突を避け，e を加えて dyeing とします（⑥）。

　さて，今度は sit, visit について考えましょう。/sɪt/ を表すのに必要な文字は sit。閉音節で i は短音でこのままで問題ありません。-ing を付けると siting になりますが，si.ting では i が短音で読めないので，閉音節にするために重子音字を用い sit.ting とします。

		$\boxed{\text{mā.k¢}}$	$\boxed{\text{mā.t¢}}$	$\boxed{\text{fā.c̄¢}}$
①		↑	↑	↑
②	$\boxed{\text{sīt}}$　$\boxed{\text{vīsīt}}$	$\boxed{\text{māk}}$	$\boxed{\text{māt}}$	$\boxed{\text{fāc̄}}$
③	↓+ing　↓+ing	↓+ing	↓+ėd	↓+ės
	$\boxed{\text{si.ting}}$　$\boxed{\text{vīsī.ting}}$	$\boxed{\text{mā.king}}$	$\boxed{\text{mā.tėd}}$	$\boxed{\text{fā.c̄ės}}$
④	↓閉　↓×	↓×		
	sīt.ting　$\boxed{\text{vīsīt.ting}}$	$\boxed{\text{ma.keing}}$		

/vízɪt/ なら visit。-ing を付け visi.ting となっても si は弱音節なので開音節でも問題ないため，重子音字は不要です。必要なく重子音字にすれば不可となります（×visitting）。

　/meɪk/ と綴るのに必要な文字は mak ですが，これに -ing を付ければ（③）ma.king となり a は長音で読めます。しかし，接辞が付かなければ閉音節となり長音で読めなくなるため，黙字の e を付け（①）make とします。mak に ing を付けるときには e を挿入する必要はないので，e は加えられません。visitting が不可となるのと同様に，必要

のない e を挿入した makeing はだめということになります。

traffic /trǽfɪk/, panic /pǽnɪk/ の第 2 音節には強勢がなく，音節構造の調節という観点からは -ing などを付けても重子音字を用いる必要はありませんが，c が軟音で読まれるのを防ぐため重子音字 ck が用いられます。

tráffic	pánic
tráfficking	pánicking
tráfficked	pánicky

focus /fóʊkəs/ の第 2 音節にも強勢はなく，原則に従えば s は重子音字にする必要はありません。実際に単子音字のままの綴りで問題ありませんが，重子音字も用いられます。

fócus	bús	gás
fócusing	búsing	gásing
fócussing	bússing	gássing

-ed 形でも -used, -ussed 両方の形が使われます。-used では /juːst, juːzd/ とも読めそうなのに対し，-ussed なら確実に /əst/ と読めます。この場合，そう綴る動機があり重子音字のほうも使われるわけです。bus, gas は発音からすると本来は buss, gass と綴られるもの。bus は omnibus の省略で gas は造語です。fuss, glass のように原則通り -ss で綴られている語であれば，元々重子音字で綴られているので，重子音字にするかどうかは問題にならず，そのまま

-ed を付け fussed, glassed とすればよい。そのまま -ed を付ければ bused, gased になるが，u, a が長音でも読めてしまう。短音で読ませるには重子音字を用いたい。この場合も動機があるので可能性は排除されずに揺れが生じ，重子音字を用いた綴りも許容されることになります。

　上で dyeing の例を見ましたが，通常付加されない e も動機があれば付加されます。singeing の e もこのケースです。

hinge	singe	dye
hinging	singeing	dyeing
	↕	↕
	singing	dying
	< sing + -ing	< die + -ing

　まずは，hinge について考えてみましょう。h /h/ + i /ɪ/ + n /n/ + g /dʒ/ で最低限 hing の 4 文字が必要となります。しかし，もちろん，このままでは g は硬音で読まれてしまうため，後ろに何も続かない場合には軟音標識の e を付け hinge と綴ります。-ed, -ing など前母音字で始まる接辞が付いて hinged, hinging となれば g は軟音で読めるので，黙字の e を付ける必要はありません。

　singe でも，後ろに何も続かなければ黙字の e は必須ですが，-ing などが続けば e がなくとも g は軟音で読むことができます。しかし，-ing の場合，そのまま付けると sing の -ing 形と同形になってしまうため，e を加えて同じ綴りとなるのを避けます。sing の過去形・過去分詞は sang, sung なので，singe の過去形が singed であっても同形にな

りません。

hie の e には，i が語末になるのを避け，内容語を3文字以上で綴る働きがありましたが，母音字で始まる接辞が付けばどちらの点でも不要となるところです。しかし，hi- に -ing を付けると hiing となってしまい，ii の連続が生じます。これを避けるには，ii を yi にし hying にするか，e を挿入し hieing とすることになります。pie の -ing形も pieing です。このように，理由がある場合には黙字の e が付いた形も OK になります。

till では l は2つなのに，until では1つ。untill と綴っても発音は変わりませんが，こちらの綴りは用いられません。

| till | roll | full | all |
| until | control | colorful | always |

これは偶然ではなく，不要なことはしないという原則の帰結です。単音節語の場合，単母音字の後の /l/ を重子音字で綴ることで，綴りを長くしているわけですが，複音節語では既に長いので重子音字を用いる動機がない。綴りは可能なら1つとし，動機のない他の綴りは不可となります。

なお，固有名詞では Shakespeare, Starr, Lyons のように，現代の綴りのパターンから逸脱した綴りが見られる（残っている）ことは珍しくありません。/æn, hɑbz/ なら An, Hobs と綴るのでも十分ですが，Anne, Hobbes と長く綴る。固有名詞では見られる方法ですが，通常の語ではこの種の方法は不可とされます。不可とされるがゆえに用いると目立ち，固有名詞として独自性が生じます。同じ /æn/ という発音でも，固有名詞では1つに制約しようとする力が弱

く（元の綴りを維持しようとする力が強く），An, Ann, Anne でもよい。それに対し通常の語では，一意に決定しようとする力と，余計なことはするなという力が働き，an 以外は認められないという違いが生じます。

　e を残して makeing とすると ei の連続が生じ，eing /eɪŋ/ と読まれることになるため e は削除されると説明されることもありますが，理由があるときには次の語のように -eing /ɪŋ/ の綴りも用いられます。

ageing　dyeing　eyeing　hieing　hoeing　pieing
queueing　singeing　stymieing　swingeing　toeing

trafficking, focussing のように理由があれば重子音字が使われることはあるが，visiting はこれで十分で visitting とする動機はないので後者は不可となる。dyeing, singeing では e を用いる動機はありますが，makeing には e を付ける動機がなく，不可となると考えることができるでしょう。

終 章 ｜ 英語の文字・綴りの表音性と表形態素性

　第1章の冒頭で述べたとおり，言語も文字も記号の体系です。記号はシニフィアン（形式，能記，指し示すもの）とシニフィエ（意味，所記，指し示されるもの）の組み合わせですが，日本語や英語のような音声言語ではシニフィアンとして音の連続を用います。言語音には母音と子音があり，それらを組み合わせて音節を作り，音節を組み合わせさらに大きい単位を作ります。第一部では，異なる音を出す仕組み，母音と子音を組み合わせてできる音節の構造，それらの日英語の違いについて見ました。

　言語によって使われる音は異なり，また，同じ音，違う音として扱われる音も異なります。

　ある言語で同じ音として扱われる音（意味の違いを生じさせない音のグループ）が〈音素〉でした。

　形式として音を用いて意味を伝えますが，意味を持つ最小の言語単位が〈形態素〉です。たとえば sprinters は {sprint}, {er}, {s} の3つの形態素から構成されています。

このように1つ以上の形態素を組み合わせて語を作り，1つ以上の語を組み合わせて句や節・文を作り，1つ以上の文から談話が作られ，複雑な意味を表します。

文字は1字が表す基本的な言語単位で分類することができます。語または形態素であれば〈表語文字〉（表形態素文字），音であれば〈表音文字〉になります。漢字は表語文字ですが，語・形態素への対応付けには形声文字（例．「板」＜意符「木」＋音符「反」）のように音が関わるものを多く含みます。表音文字には，仮名のように1字が音節を表す〈音節文字〉と，音節をさらに母音と子音に分けて表記する〈単音文字〉（音素文字）があり，1つの体系の中で母音字と子音字の両方を用いて表記する体系が〈アルファベット〉です。ギリシャ文字，キリル文字などもアルファベットですが，英語を表記するのに用いられる文字を他のアルファベットから区別するときは「ローマ字，ラテン文字」(the Roman Alphabet, the Latin Alphabet) と呼びます。

音素と同様に，同じ文字として扱われる字形のグループは〈文字素〉（あるいは字素，書記素，grapheme）と呼ばれます。A, a, *a*, **a** などは字形に違いはあっても同じ文字で，文字素 <a> の〈異字〉（異書記，allograph）です。

昔の英語では摩擦音の [f, v], [θ, ð], [s, z] は同じ音素の異音で，有声音間では有声音，その他では無声音が使われていましたが，のちに独立してそれぞれ /f/ と /v/, /θ/ と /ð/, /s/ と /z/ という別の音素になりました。文字でも同じようなことが起き，元々同じ文字素の異なる字形が分化して異なる文字素のメンバーとなることがあります。G は C に，ð は d に1画加えて新たな文字としたものです。U, V, W は現在のローマ字では別の文字ですが，すべてギリ

シャ文字のユプシロン Y に遡ります。I と J も元は同じ文字でした。cry-cried なのに play-played（×plaied），low-lower（×louer）となるように，母音字間では i, u ではなく y, w が用いられるのは，現在のように <i> と <j>，<u> と <v> が独立した文字素となっていなかった時代の正書法を引き継いでいるためで，使用できる文字素の種類・数は綴り方にも関係します。

　表音文字は音を表すといっても，音を表すこと自体が使用の目的ではなく，音の並びを示すことで意味を持つ形態素，語などを示すものです。その点で音そのものを表すのを目的として作られた発音記号や意味・概念を表す数学の記号とは異なります。

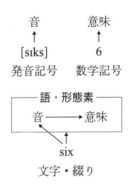

six も sicks も表す音は同じですが，指す語は異なります。綴りから six は 1 形態素，sicks は 2 形態素からなることもわかります。数字の <6> は特定の語を介さずに意味，概念を表すので，言語が異なっても同じように使えます。それぞれの言語で特定の語と対応付けられ用いられると表

語文字として働くことになります。

　他の目的で使われることもありますが，文字の基本はメッセージ（意味）を伝える言語表現を表記するものです。言葉という入れ物に意味が入っているわけですが，人は入れ物よりも内容の情報のほうに関心があるのが普通です。「ねこ（猫）」と聞けば，「猫」という言葉や発音のことではなく，「猫」の意味やそれが指しているもののことを考えます。本を読めば言葉（文字）で表されていることを考えます。目にした文字そのものについて考えることがあったとしても，それが主たる目的ではありません。私はよくサーチエンジンで英語や日本語の用例を検索しますが，こういう使い方は例外的，副次的，派生的な使い方で，言葉をキーに検索していても，普通，調べたいのは言葉により表されている中身のほうです。言葉が違っていても指し示すものが似ていればと，指定したキーワードそのものでなくても意味の似た言葉が含まれていれば該当例と見なして表示されたりします。語・形態素には音の連続が対応付けられているので，その音の連続で語・形態素を特定できますが，音を利用して語・形態素にアクセスするわけで，表音文字であっても語・形態素が特定できることが重要です。

　このようにひょうおんもじだけでかいてもおんはさいげんできますがひじょうによみにくい。漢字仮名交じりで「このように表音文字だけで書いても音は再現できますが非常に読みにくい」と書けば読みやすくなります。これは，単に慣れの問題だけではなく，異なる文字種を用いることで形態素の切れ目が判断しやすくなり，表語文字である漢字も用いることで語・形態素へのアクセスもしやすくなるためです。表音文字のローマ字だけで書く場合も，発音上

は切れ目がなかったり発音上の切れ目とは違ったりしていても，綴る際には語に分かち書きすることで語へのアクセスが容易になります。

[ðætsaʊndzɡreɪt]	[pʊtəneɡənɪt, pʊ tə ne ɡə nɪt]
Thatsoundsgreat.	putaneggonit
That sounds great.	put an egg on it

　rite, write, right, wright は異なる語（形態素）に対応します。もし発音と綴りが一対一に対応するのなら同一の綴りになってしまいますが，異なる綴りが各形態素への対応付けを容易にする働きをします。band/banned, rapt/rapped の各組は表す音は同じでも最初が1形態素，後が2形態素からなることが綴りからわかります。sons, son's, sons' などを見るとわかるとおり，それ自体は直接発音を表さない<'>などのパンクチュエーションマークにも表形態素的な働きがあります。

　音を介して形態素と結び付いていた綴りも，綴りが固定化すると，発音が変わっても綴りは変わらず，発音と綴りの間に乖離が生じることになります。ずれはあっても体系的なものも，例外的なものもありますが，英語では前者も多く，そのずれを理解しないと体系が見えにくいものになっています。

　それ自体は発音されない黙字ですが，表音的な働きや表形態素的な働きをすることを見ました。アルファベットは表音文字で，個々の単語の綴りを覚えれば使えはします。しかし表音文字であっても，音素，形態素，文字素の観点から，表音的な働きだけでなく表語的，表形態素的な働き

も考慮することで英語の綴りの仕組みがよりよく理解できるようになります。

　現在の英語の綴りは計画的に整備されたものではなく，特定の個人，組織が規則を定め一貫性を持って各語に適用して定めたものではありません。「規則」を明示的に定めたものはなく，綴りからパターンを読み取ることになります。本書では，表音性，表形態素性の観点から，歴史的な経緯も考慮に入れ，実際の綴りを基に現代の英語の綴りを読み解いてきました。

　以上，第一部で英語の発音，第二部で英語の文字・綴りの仕組みについて見てきましたが，いかがでしたでしょうか。発音にせよ文字・綴りにせよ，日本語と英語では違うのに同じという前提で考えてしまい正しく理解できないことがあったり，それとは逆に，同じなのに違うと思い込んでよく理解できていなかったりすることもあります。本書の説明で，日本語と英語の，同じところ，違うところがご理解いただけたら幸いです。

参照文献

赤須薫（編）. (2018). 『コンパスローズ英和辞典』研究社.

大名力. (2014). 『英語の文字・綴り・発音のしくみ』研究社.

大名力. (2021). 『英語の綴りのルール』研究社.

国立国語研究所. (1990).「日本語の母音, 子音, 音節：調音
　　運動の実験音声学的研究」『国立国語研究所報告』100.

斎藤純男. (2006). 『日本語音声学入門』（改訂版）. 三省堂.

Liu, C., Jin, S-H., & Chen, C-T. (2014) Durations of American
　　English vowels by native and non-native speakers: Acoustic
　　analyses and perceptual effects. *Language and Speech, 57*(2),
　　238-253.

Scragg, D. G. (1974). *A history of English spelling*. Manchester
　　University Press.

Yang, J., & Fox, R. A. (2014). Perception of English vowels by
　　bilingual Chinese-English and corresponding monolingual
　　listeners. *Language and Speech, 57*(2), 215-237.

Wells, J. C. (2008). *Longman pronunciation dictionary* (3rd ed.).
　　Pearson Education.（『ロングマン発音辞典』）

〈謝　辞〉

　本書の出版にあたっては多くの方にお世話になりました。第
一部「発音編」については，久保岳夫氏，宇都木昭氏に専門的
な見地から重要な指摘，コメントをいただきました。また，宇
都木氏，松浦年男氏には音声分析の図をご提供いただきました。
古田香織氏には記号論に関わる部分について有益な情報，アド
バイスをいただきました。新實葉子氏と山内昇氏には全体をお

読みいただき間違いや理解しにくい箇所の指摘，貴重なコメントをいただきました。新實氏にはイラストも描いていただきました。中公新書編集部の酒井孝博氏をはじめお世話になった方々には，この場を借りてお礼申し上げます。

大名 力（おおな・つとむ）

1962年神奈川県生まれ．1989年東京学芸大学大学院修士課程修了（教育学修士）．群馬大学社会情報学部講師等を経て，現在，名古屋大学大学院人文学研究科教授．専門，言語学・英語学・英語書記体系論．
著書『言語研究のための正規表現によるコーパス検索』（ひつじ書房，2012年），『英語の文字・綴り・発音のしくみ』（研究社，2014年），『英語の綴りのルール』（2021年，研究社），『英語の記号・書式・数量表現のしくみ』（研究社，2023年）など．

英語の発音と綴り　2023年10月25日初版
中公新書 2775　　　2024年 2 月15日再版

著　者　大名　　力
発行者　安部　順一

本文印刷　三晃印刷
カバー印刷　大熊整美堂
製　　本　小泉製本

発行所　中央公論新社
〒100-8152
東京都千代田区大手町 1-7-1
電話　販売 03-5299-1730
　　　編集 03-5299-1830
URL https://www.chuko.co.jp/

中公新書刊行のことば

一九六二年十一月

いまからちょうど五世紀まえ、グーテンベルクが近代印刷術を発明したとき、書物の大量生産は潜在的可能性を獲得し、いまからちょうど一世紀まえ、世界のおもな文明国で義務教育制度が採用されたとき、書物の大量需要の潜在性が形成された。この二つの潜在性がはげしく現実化したのが現代である。

いまや、書物によって視野を拡大し、変りゆく世界に豊かに対応しようとする強い要求を私たちは抑えることができない。この要求にこたえる義務を、今日の書物は背負っている。だが、その義務は、たんに専門的知識の通俗化をはかることによって果たされるものでもなく、通俗的好奇心にうったえて、いたずらに発行部数の巨大さを誇ることによって果たされるものでもない。現代を真摯に生きようとする読者に、真に知るに価いする知識だけを選びだして提供すること、これが中公新書の最大の目標である。

私たちは、知識として錯覚しているものによってしばしば動かされ、裏切られる。私たちは、作為によってあたえられた知識のうえに生きることがあまりに多く、ゆるぎない事実を通して思索することがあまりにすくない。中公新書が、その一貫した特色として自らに課すものは、この事実のみの持つ無条件の説得力を発揮させることである。現代にあらたな意味を投げかけるべく待機している過去の歴史的事実もまた、中公新書によって数多く発掘されるであろう。

中公新書は、現代を自らの眼で見つめようとする、逞しい知的な読者の活力となることを欲している。